ファッションショー

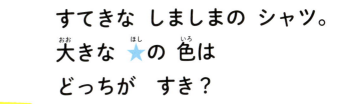

すてきな しましまの シャツ。
大きな ★(ほし)の 色(いろ)は
どっちが すき？

本当(ほんとう)はね…、
どちらの ★(ほし)も
同(おな)じ 色(いろ)なんです。

しましまが なくなると？

下(した)が 白(しろ)い ところでは
★は まったく 同(おな)じ 色(いろ)。
これも 目(め)の さっかくです。

学研の図鑑 for Kids（フォー・キッズ）

ふしぎがわかるよ！図鑑

千葉経済大学 短期大学部
こども学科教授　横山洋子 ｜監修

Gakken

おうちの方へ

　お子さんから「ねえ、どうして？」とたずねられることが増えてきたら、うるさいなあ、面倒だなあ、と思わないで、「おっ、うちの子はすごいぞ！いろいろなことに興味・関心をもって疑問を投げかけている」と喜んでください。子どもは知的好奇心をもっています。不思議に感じたことは、そのしくみを知りたいと思うのです。

　本書は、子どもの身の回りの素朴な疑問に答えるため、6つの章で構成しました。Q＆A形式で、わかりやすく解説しています。ですから、お子さんの疑問に答える必要はありません。「どうしてだろうね？　一緒に調べてみようか」と言えばいいのです。そして、お子さんと本書を見て「そうだったのか、今日はいいことがひとつわかったね」と、笑顔を見せてくだされば十分です。お子さんは、すでに自分で調べる楽しさを知り、満足感を味わっていることでしょう。

　新しいことを知るのは、楽しいことです。その楽しさを十分味わえる環境をつくってあげましょう。その先には、学ぶ楽しさを身につけたお子さんが、立派に育っているはずです。ぜひ、お子さんと一緒に、不思議の旅へ出かけてください。その旅でのお子さんの表情、目の輝きは、みなさんの何よりの喜びとなるでしょう。

横山　洋子

もくじ

はじめに ……………………………………………………… 2
この 本の つかい方 ………………………………………… 10

せいかつの ふしぎ

どうして 「おはよう」を いうの? …………………………… 14
どうして せっけんで てを あらうの? ……………………… 16
どうして ねむく なくても、ねるの? ………………………… 18
マナーって なあに? …………………………………………… 20
しんごうの いろは、なぜ あお・きいろ・あかなの? ……… 22
なぜ おかねは たいせつなの? ……………………………… 24
こころが きずつくって どんな こと? ……………………… 26
どうして しょうがっこうに いくの? ………………………… 28
なぜ まちに マークが あるの? …………………………… 30
こどものひは どうして あるの? …………………………… 32
コラム いきてるって なあに? ……………………………… 34

たべものの ふしぎ

- しょくじの ときに だいじな ことは なあに? ……… 38
- コラム 「いただきます」「ごちそうさま」を いうのは どうして? ……… 40
- おこめは どうやって できるの? ……… 42
- やさいや くだものは どうやって おみせに くるの? ……… 44
- おさかなは どうやって おみせに くるの? ……… 46
- おにくは どうやって おみせに くるの? ……… 48
- コラム わしょくって なあに? ……… 50
- なっとうは なぜ ねばねばして いるの? ……… 52
- かつおぶしは なぜ おこのみやきの うえで うごくの? ……… 54
- つぎの ひの カレーは なぜ おいしいの? ……… 56
- りんごの みつって なあに? ……… 58
- わたあめは なぜ つぎの ひに なると ちいさく なるの? ……… 60
- インスタントラーメンは なぜ おゆを いれて すぐに たべられるの? ……… 62
- コラム がいこくの ひとは どんな りょうりを たべて いるの? ……… 64
- そばや うどんは なぜ おとを たてて たべるの? ……… 66
- どうして いちにちに なんかいも ごはんを たべるの? ……… 68
- どうして おかしを いっぱい たべては いけないの? ……… 70
- 「よく かんで たべなさい」と いわれるのは なぜ? ……… 72
- コラム 「おなか いっぱい!」の あとでも なぜ デザートは たべられるの? … 74
- さつまいもを たべると なぜ おならが でるの? ……… 76
- こどもは なぜ おさけを のめないの? ……… 78
- おとなは なぜ にがい コーヒーを おいしく のめるの? ……… 80
- コラム みんなで たべると、なぜ ごはんが おいしいの? ……… 82
- なぜ たべものを かんづめに するの? ……… 84
- でんしレンジは なぜ たべものを あたためる ことが できるの? ……… 86
- おしょうがつに おせちりょうりを たべるのは どうして? ……… 88
- コラム おみせで うれのこった ものは どうなるの? ……… 90

もくじ

からだの ふしぎ

どうして **うんち**は くさいの?	94
おしっこは どうやって できるの?	96
はなくそが でるのは なぜ?	98
どうして **まつげ**は あるの?	100
あついと、**あせ**が でるのは なぜ?	102
かぜを ひくと、なぜ ねつが でるの?	104
どうして **むしば**に なるの?	106
なぜ **かさぶた**が できるの?	108
ほねは なぜ あるの?	110
どうして **おへそ**は あるの?	112
コラム あかちゃんは どこから くるの?	114

しぜんの ふしぎ

- **くもは** なにで できて いるの? ……… 118
- **あめは** どうして ふるの? ……… 120
- **かみなりは** どうして おきるの? ……… 122
- **たいふうが** おきるのは なぜ? ……… 124
- **にじは** どうして できるの? ……… 126
- **そらは** どうして あおいの? ……… 128
- **うみは** どうやって できたの? ……… 130
- **じしんは** どうして おきるの? ……… 132
- **つきは** なぜ かたちが かわるの? ……… 134
- **たいようは** なぜ まぶしいの? ……… 136
- **コラム** **うちゅうじんは** ほんとうに いるの? ……… 138

いきものの ふしぎ

- **ねこ**は どうして あしおとを たてないで あるけるの? ……………… 142
- どうして **くま**は ふゆに なると ながく ねむるの? ……………… 144
- **ライオン**の たてがみは なんの ために あるの? ……………… 146
- **ぞう**の うんちは どれくらい おおきいの? ……………… 148
- だれの **あかちゃん**? ……………… 150
- **とり**は どうして そらを とべるの? ……………… 152
- **おたまじゃくし**は どんなふうに かえるに なるの? ……………… 154
- **ひよこ**は どんなふうに にわとりに なるの? ……………… 155
- **だんごむし**は なにを たべるの? ……………… 156
- しょくぶつは、ちいさな **たね**から どうやって おおきく そだつの? ……………… 158
- **どんぐり**には いろいろな かたちが あるのは なぜ? ……………… 160
- **コラム** かいぬしと はぐれた **いぬ**や **ねこ**は どうなるの? ……………… 162

のりもの の ふしぎ

くるまは どうやって うごくの?	166
くるまの **ナンバープレート**には なにが かいて あるの?	168
こうじげんばでは どんな のりものが はたらいて いるの?	170
どうして **しょうぼうしゃ**や **きゅうきゅうしゃ**は おとを ならすの?	172
ごみしゅうしゅうしゃの なかは どうなって いるの?	174
しんかんせんは どうして はやく はしれるの?	176
リニアモーターカーって どんな のりもの?	178
どうして **ひこうき**は おおきいのに とべるの?	180
どうして **ふね**は おもいのに うくの?	182
どうして **じてんしゃ**は はしって いる ときに たおれないの?	184
コラム いちばん はやい のりものは なあに?	186

おわりに	188
さくいん	190

ふしぎな **ファッションショー**	ひょうしの うら
ふしぎな **かお**、だれの **かお**?	うらびょうしの うら

この 本の つかい方

この ずかんは、「せいかつ」「たべもの」「からだ」「しぜん」「いきもの」「のりもの」の 6つの テーマに 分かれて います。
はじめから じゅんばんに 読むのも いいですし、あなたが きょうみを もって いる ところから 読むのも いいでしょう。さいごまで 楽しんで 読んで ください。

ふしぎ

その ページの 「なぜ？」「どうして？」が 書いて あります。

テーマ

ページの テーマを あらわして います。
テーマごとに ちがう 色で 分けて います。

- せいかつ
- たべもの
- からだ
- しぜん
- いきもの
- のりもの

こたえ

答えを イラストや しゃしんで わかりやすく せつめいして います。

あついと、あせが でるのは なぜ？

あつい 日や うんどうして あつく なると、あせが 出ますね。どうしてでしょう？

こたえ　人の 体おんは、いつも 35〜37どに なって います。あつく なると、体おんは 上がって しまいます。体おんを 下げる ために、あせは 出るのです。

❶あつく なると、体おんが 上がって、あせが 出ます。

❷あせの 水分が じょうはつします。

じょうはつする とき、水分は ねつを うばいます。それで、体おんは 下がるのです。

コラム ページも あります。

▲答えが ひとつだけでは ない ふしぎ、ひとことで 答えるのが むずかしい ふしぎを とりあげて いる ページです。

さらに くわしく

その ページで とりあげた ことを、さらに くわしく せつめいして います。

もしも、あせが 出なかったら…

体から ねつを うばう ことが できないので、体おんが どんどん 上がります。すると、きんにくや 血が かたまって しまって、たいへんです。

あせは どこから 出るのかな

ひふの ひょうめんには、小さな あなが たくさん あります。あせは、あなの 下に ある「かんせん」と いう ところから 出て います。毛が 生えて いる あなからも 出ます。

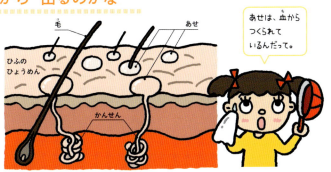

あせは、血から つくられて いるんだって。

しって いるかな

その ページで とりあげた ことに かんけいした、おもしろい じょうほうが のって います。

やってみよう

あせを かいたら する こと

あせを かいた ままに しては いけません。2つの ことを まもりましょう。

●水分を とろう

あせの ほとんどは、水分です。出た 分の 水を のむように しましょう。むぎ茶などを のむと、あせと いっしょに 出た ミネラルも とれます。

●あせを ふこう
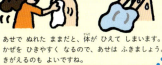
あせで ぬれた ままだと、体が ひえて しまいます。かぜを ひきやすく なるので、あせは ふきましょう。きがえるのも よいですね。

やってみよう

その ページで とりあげた ことに 合わせた、かんたんな じっけんや あそび、りょうり、工作など、あなたに ぜひ やって ほしい ことを しょうかいして います。

おうちの方へ

汗の成分は、99％が水。残りは、食塩、たんぱく質、乳酸などです。汗をかくと、本人の気づかないうちに脱水症状になることがあるので、水分補給を怠らないようにしましょう。麦茶や吸収のはやいアイソトニック飲料がおすすめです。

おうちの方へ

大人の 人に 読んで もらう ところです。その ページの ねらいや、くわしい せつめいなどが のって います。

せいかつのふしぎ

ふしぎの たびの はじまりは、あなたの みのまわりから。
「なぜ お金は 大切なの？」「どうして 小学校に 行くの？」
生活の 中の ふしぎを さぐって いきましょう。

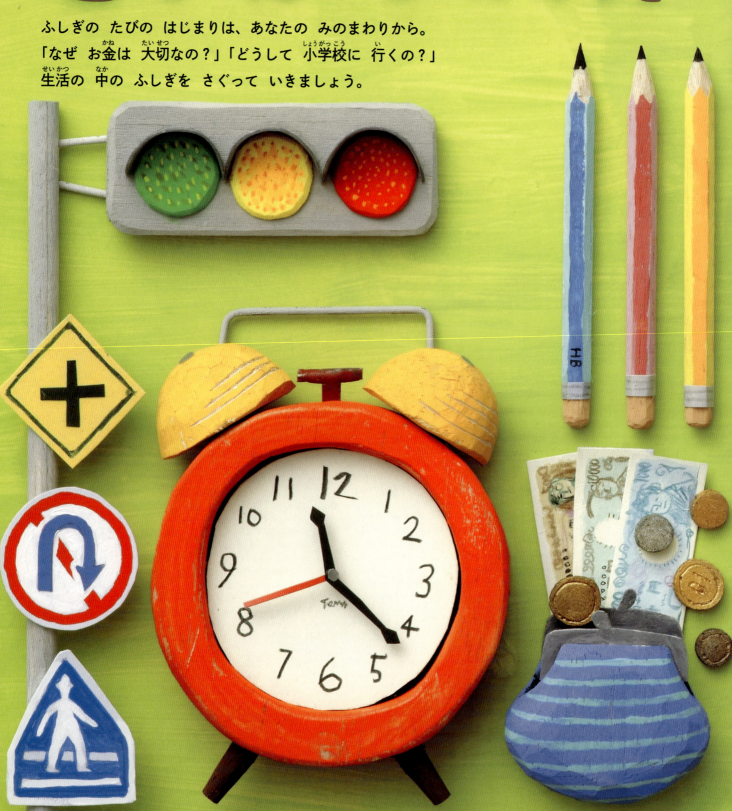

どうして「おはよう」を いうの?

朝は、会った 人に「おはよう」と あいさつを します。
どうして あいさつを するのでしょうか?

 こたえ 朝、「おはよう」と あいさつを すると、
自分も あいても いい 気もちで 一日を はじめる
ことが できるからです。

「おはよう」と いう ことばには、
元気で すごせますように・・・と、
あいてを 思いやる やさしさが
こめられて います。

いつでも さわやかに
あいさつが できると
いいですね。

おはよう!
おはようございます!

※年上の 人には、ていねいに「おはようございます」と 言いましょう。

どうして せっけんで てを あらうの？

せいかつ

外から 帰って きた ときや
ごはんを 食べる 前には、かならず 手を あらいます。
その とき どうして 石けんを つかうのでしょうか？

こたえ 石けんは よごれを つつんで、水に なじませて、
よごれを とって くれるからです。

水だけで あらっても、すべての よごれは おちません。
なぜなら、あぶらが まざった よごれは、水を よけて
しまうからです。

石けんを つかうと、石けんが よごれを つつんで
水と なじみやすくし、手から とりさる ことが できます。

目に 見えない ばいきんや ウイルスも おとす

手は いろいろな ものを さわるので、よごれだけでなく 目に 見えない ばいきんや ウイルスも たくさん ついて います。
石けんで 手を あらうと、そのような ばいきんなどを とりのぞく ことが できるのです。

いろいろな ものを さわった 手で・・・

ぼくが たいじするよ！

ものを 食べると・・・

ばいきんや ウイルスで 体を こわす ことも！

やってみよう

上手な 手の あらい方

❶手を 水で ぬらす。

❷石けんを つけて、てのひらで よく あわだてる。

❸手の こうに てのひらを のせて、こすり合わせる。手を 入れかえて あらう。

❹ゆびの 間に ゆびを 入れて こすり、ゆびの つけねを あらう。

❺親ゆびを もう かたほうの 手で にぎって こする。手を 入れかえて あらう。

❻てのひらの 上で、もう かたほうの ゆび先を あらう。手を 入れかえて あらう。

❼手首を にぎって こする。はんたいの 手首も あらう。

❽水で きれいに 石けんを ながす。手を ふく。

どうして ねむく なくても、ねるの？

せいかつ

どんなに 元気が のこって いても、夜に なると みんな ねる したくを します。どうして ねむらないと いけないのでしょうか？

 こたえ ねむる ことは、のうを 休め、けんこうな 体を つくる ために、大切だからです。

わたしたちは、のうで ものを 考えたり、かんじたり して います。
おきて いる 間は、のうを たくさん つかって います。
そのため、つかれた のうを 休める ためには、ねむる ことが ひつようなのです。

ねて いる 間、のうは 何を してるの？

ねて いる 間に、のうは たくさんの えいようや エネルギーを とり入れて、また つぎの 日、元気に 活どうできるように します。

- 頭の はたらきを よく する エネルギー
- 大人に なる ための エネルギー
- びょうきや けがを なおす エネルギー
- 強い 気もちを つくる エネルギー

ねないと どうなって しまうの？

- 元気が なくなり、びょうきに なりやすく なる。
- おこりっぽく なって、すぐ いらいらする。
- 考える 力や、ものを おぼえる 力が 弱く なる。

だから、ねむる ことは だいじなのです。

やってみよう

よく ねむる ためには・・・

つぎの ことに 気を つけて、ぐっすり ねむる しゅうかんを つけましょう。

- おそくまで テレビを みたり、ゲームを したり しない。
- ねる 1時間いじょう 前に おふろに 入って 体を 休める。
- ねる 前に トイレに 行く。

- 心ぱいな ことや いやな ことを 考えない。
- へやは なるべく くらく する。
- なるべく、いつも 同じ 時こくに ねて、同じ 時こくに おきる。
- 昼は、なるべく 体を うごかす。

マナーって なあに？

 こたえ みんなが 生活する 中で、人に めいわくを かけたり、いやな 気もちに させたり しない ための やさしさです。

まわりの 人たちを 気に しないで、自分の ことだけを 考えて いると、知らない うちに 人に めいわくを かけて いる ことが あります。まわりの ようすを 気づかえる マナーが まもれる 人に なりましょう。

しんごうの いろは、なぜ あお・きいろ・あかなの？

せいかつ

しんごうは、交通じこを おこさない ために とても 大切な ものですね。
青・黄色・赤の 3色には、どんな ひみつが あるのでしょうか？

こたえ 青・黄色・赤は、見分けやすい 色の 組み合わせだからです。

「わたっても よい」の 青は、おだやかで おちついた 気もちに なる 色。

「ちゅうい」の 黄色は、きけんを かんじる 色。

「止まれ」の 赤は、ドキドキ・きんちょうする 色。

青しんごうでも、気を つけよう

青が てんめつして いる ときは、「もうすぐ 赤に なります」と いう いみなので、わたっては いけません。

交さ点を わたる ときは、まがって くる 車に ちゅうい！右・左・右を よく 見て わたりましょう。

しんごうが 青でも おしゃべりしながら わたったり、よそ見を したり しないで、右・左・右を 見てから わたりましょう。

ひょうしきの 青・黄色・赤

●青「こう しなさい」などの いみ

歩行しゃ せんよう	**おうだん歩道**	**じてん車 おうだんたい**	**じどう車 せんよう**
歩く 人だけが 通れる どうろ。	どうろを 歩いて わたる ときは ここを 通る。	どうろを じてん車で わたる ときは ここを 通る。	車だけが 通れる どうろ。

●黄色「ちゅういしましょう」と いう いみ

学校・ようち園・ほいくしょなど あり	**ふみ切り あり**	**どうろこうじ中**	**すべりやすい**
近くに 子どもの 通う しせつが ある。	近くに ふみ切りが ある。	近くで どうろこうじを して いる。	どうろが すべりやすい。

●赤「〜しては いけない」と いう いみ

歩行しゃ 通行止め	**じてん車 通行止め**	**通行止め**	**一時てい止**
歩く 人は、ここから 先は 通れない。	じてん車に のった まま 通っては いけない。	すべての 人や のりものが 通れない。	車などは 一ど 止まって、あんぜんを かくにんしなければ ならない。

※標識の内容については、子どもにわかりやすいように説明しています。

なぜ おかねは たいせつなの？

せいかつ

お金が ないと、こまる ことが たくさん あります。どうしてでしょうか？

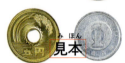

こたえ　お金は、ものを 買ったり 生活したり するのに つかう もので、生きて いく ために ひつようだから、大切なのです。

● むかしは お金が なかった！

❶ むかしは、ものと ものを とりかえて 生活して いました。

❷ しかし、ふべんな ことが たくさん ありました。

❸ そこで、貝や 石を つかって こうかんするように なりました。

❹ そして、その 貝や 石が お金に かわりました。

お金は こんな ときに つかうよ

ものを 買う とき

電車や バスなどの のりものに のる とき

びょういんに 行った とき

レストランなどで しょくじを した とき

えいがかんや びじゅつかんなどに 行った とき

りはつてんや びよういんなどに 行った とき

お金は 大切に つかおう

お金は、むだづかいを しないで、大切に つかいましょう。お金は、ぎんこうや ゆうびんきょくなどに あずける ことが できます。

お金の かわりに なる カードも あるよ！
電車や バスに のる とき、買いものを する ときに つかえます。

やってみよう

買いものを して みよう

❶お店で 買いたい ものを えらんだら レジに もって いく。

❷お金を はらう。

❸おつりが あれば、もらう。買った ものを うけとる。

こころが きずつくって どんな こと?

せいかつ

こたえ 人から いじわるを されたり、いやな ことを 言われたり した ときに、かなしい 気もちや はずかしい 気もちに なって、心が いたく なる ことです。

どんな ときに きずつくの?

● いやな ことばを 言われた とき
自分が 気に して いる ことを 言われたり、いじわるな ことばで 何かを 言われたりすると、きずつきます。

● いじわるを された とき
いやな ことを されたり、むしを されたりすると、きずつきます。

● 人前で はずかしい ことを して しまった とき
しっぱいした ときに、人に 見られたり、わらわれたりすると、きずつきます。

いじわるな 気もちって…？

いじわるな 気もちは、だれでも 少しは もって います。
でも、その 気もちを そのまま 人に ぶつけて しまうのは、
はずかしい ことです。

自分に 自しんを もてなかったり、
ふあんな ことが あったり すると、
いじわるに なる ことが あります。
強い 心を もって いる 人は、いつも
人に やさしい 気もちを もてるのです。

やってみよう

人を きずつけない、やさしい 気もちを もとう

同じ ことを 自分が されたら
どんな 気もちに なるか 考えよう。

人の いやな ところばかり 見ないで、
いい ところを 見つけよう。

あいての 気もちや、いけんを
ちゃんと 聞こう。

あいてを きずつける からかいは
やめよう。

楽しくて むちゅうに なれる ものや、
何でも 話せる 友だちを 見つけよう。

いじめられて いる 子が いたら、
大人や 先生、かぞくに 話そう。

？ どうして しょうがっこうに いくの？

小学校は 教科の べんきょうを するだけの ところでは ありません。
何の ために、行くのでしょうか？

 こたえ 人生を 心ゆたかに 生きて いくのに、
ひつような ことを
べんきょうする ためです。

小学校は いろいろな ことに 出会える ばしょです。
自分に にて いる 友だち、にて いない 友だち、
おもしろい べんきょう、むずかしい べんきょう、
ぎょうじや 学校生活の ための、
話し合いや たすけ合い。
出会える ものは さまざまですが、
そこから 自分の せかいが 広がり、
ゆめに むかう ことが できます。

小学校に 行くと、どんな いい ことが あるの？

● いろいろな べんきょうを します

国語・算数・生活・音楽・体育などの べんきょうを します。

● 友だちが できます

友だちと 力を 合わせて、いろいろな ことを します。

● 生活の ルールを おぼえます

きめられた 時間通りに 生活します。
学校の 中で ひつような ルールを まもります。

● ゆたかな 心や 気もちが そだちます

楽しさ・やさしさ・ねばり強さなど、いろいろな 気もちを 学びます。

しって いるかな

ランドセルの 中には 何が 入って いるの？

じゅぎょうで つかう ものや みのまわりに ひつような ものを 入れます。

? なぜ まちに マークが あるの?

せいかつ

まちで よく 見かける マーク、
見た こと ありますか?
どんな いみが あるのでしょう。

トイレ

体の ふじゆうな 人が
つかえる ばしょ。
いろいろな ところに
あります。

かん、びん、ペットボトルは
せんようの ごみばこに
すてましょう。

じしんなどの とき、
ひなんする ばしょ。

交番(こうばん)

ゆうせんせき

お年よりや 体の ふじゆうな 人などが すわる せき。

マークを
さがして みよう!
いくつ いみが
わかるかな?

マークは ひと目で いみが わかるので、いろいろな 人に つたわりやすく、遠くからでも わかりやすくて べんりだからです。

ゆうびんきょくや
ポストの マーク。

ほじょ犬
（もうどう犬など）を
つれて 入れます。

電話

ひじょう口

エレベーター

エスカレーター

やってみよう

まちを 歩いて、いろいろな マークを 見つけて みましょう。みんなの まちには、どんな マークが ありますか？

😊 **おうちの方へ**

「ほじょ犬」マークは、啓発のためのマークです。このマークがなくても、ほとんどの施設で同伴の受け入れが義務づけられています。

こどものひは どうして あるの?

5月5日は こどもの日ですね。
こどもの日には どんな いみが あるのでしょうか?

 こたえ
「子どもたちが 元気で 長生きできるように」と ねがう 日として あるのです。

こいのぼりを かざるのは どうして?

中国の むかし話に、
こいが たきを のぼって りゅうに なった、と
いう お話が あります。
子どもが「強い こい」のように、
りっぱに そだって ほしいと いう ねがいから、
こいのぼりを かざるように なりました。

かぶとを かざるのは どうして？

むかし、かぶとや よろいは いのちを まもる 大切な どうぐでした。この ことから、男の子を じこや びょうきから まもりたいと いう ねがいを こめて、かざるように なりました。

かしわもちを 食べるのは どうして？

かしわの はっぱは、新しい はっぱが そだつまで、古い、はっぱが おちない ことから、かぞくが つながり、子どもが ふえて いくようにと ねがい、かしわもちを 食べるように なりました。

やってみよう

しょうぶゆに 入ろう

●入り方

むかし、しょうぶは くすりとしても つかわれて いました。
しょうぶゆに 入ると、わるい ことを よせつけない、じょうぶで 元気な 体に なると いわれて いる ため、こどもの日に 入るように なりました。

●こんな 言いつたえ

しょうぶの はっぱを 10本くらい たばねて、おゆに うかべる。

おゆに つかった はっぱを 頭に まくと、頭が よく なる。

おなかに まくと びょうきに ならない。

いきてるって なあに?

せいかつ

生きて いるって どうやって わかるの?

左(ひだり)むねに 手(て)を 当(あ)てると、トクトクと いう 音(おと)が しますね。これは 心(しん)ぞうの 音(おと)。心(しん)ぞうが うごいて いるのは、生(い)きて いる しょうこです。人(ひと)に ふれると、「あたたかい」と かんじるのも 生きて いるからです。

☺おうちの方へ
お子さんが「生きてるって、どういうこと?」と興味をもったら、喜びましょう。人生において、大切な問いをもった、ということです。すぐに答えを出して教えるのではなく、またお子さんからも答えを急いで引き出そうとはせず、時間をかけてお子さんと一緒に考えていきましょう。

わらったり、ないたり、おこったり するのは 生きて いるから
できる ことです。いっしょうけんめい、何かを すると、
かんどうしたり、うれしい、かなしいと かんじたりする
ことが でき、いきいきと 生きられます。
毎日を せいいっぱい すごす ことが
「生きる」こと なのです。

虫や 草花も 生きて いるの？

犬、ねこ、鳥なども、体に ふれると あたたかさが
かんじられます。草花や 木は、たねから めを 出し、
花を さかせて、かれて いきます。
これも「生きて いる」と いう ことです。
みんな いっしょうけんめい 生きて います。
そして、みんな 大切な いのちです。

しぬって どういう こと？

「しぬ」と いう ことは、生きる ことに おわりが あると
いう ことです。そして、生きかえって もどって くる ことは
けっして ありません。体は なくなりますが、その 人の
思い出は 生きて いる 人の 心に ずっと のこります。
生きて いる ことに、おわりが あると 思うと、
今 生きて いる ことを とても 大切に かんじますね。

たべものの ふしぎ

つぎの ふしぎの たびは 食べものです。
「お肉は どうやって お店に くるの?」「つぎの 日の カレーは なぜ おいしいの?」
あなたが 毎日 食べて いる ものの ふしぎを しらべて いきましょう。

しょくじの ときに だいじな ことは なあに?

しょくじの ときに だいじな ことは、何だと 思いますか?
食べる 前、食べる とき、食べた 後、いろいろ ありますね。

 こたえ いっしょに しょくじを する みんなが、気もちよく 食べられるように したり する ことです。それには いくつかの やくそくごとが あります。

食べる 前

● 手を あらう

よごれが ついて いなくても、石けんで きれいに あらいましょう。

● じゅんびの お手つだい

大人の 人に 手つだえる ことは ないか、聞いて みましょう。

● いただきます

しょくじの はじまりの あいさつは、心を こめて 言いましょう。

食べる とき

● よい しせい

きちんと すわると、おちついて しょくじが できます。

- テーブルに むかって、前を むきます。
- テーブルと おなかは こぶし 1つ分 あけます。
- いすに ふかく すわります。
- 足は そろえて ゆかに つけます。

● はしの もち方

正しく もって つかえると、食べものを はさんだり 切ったり、きれいに 食べられます。

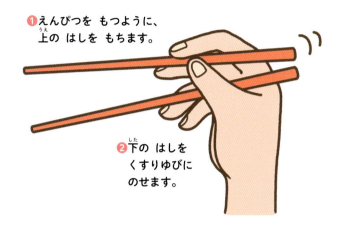

❶ えんぴつを もつように、上の はしを もちます。

❷ 下の はしを くすりゆびに のせます。

食べた 後

● ごちそうさま

おわりの あいさつも、心を こめて 言いましょう。

「ありがとう!」

● かたづけの お手つだい

しょっきを はこぶなど、できる ことは やりましょう。

やってみよう

わしょくの ならべ方

しょっきの ならべ方には ルールが あります。食べやすく、見た目も きれいな くふうです。何が どこに おいて あるか わかりますか?

- 小さな おかず
- 大きな おかず
- ごはん
- しるもの
- はし

「いただきます」っていうのは

「いただきます」は、いのちを くれる ものに かんしゃの 気もちを あらわす ために 言います。食べる ことは、どうぶつや しょくぶつの いのちを いただいて、わたしたちの 血や 肉や ほね、エネルギーなどに かえると いう ことです。だから、「あなたの いのちを わたしの ために いただきます」と どうぶつや しょくぶつに かんしゃを つたえるのです。

「ごちそうさま」をどうして？

「ごちそうさま」は しょくじを よういして くれた 人への かんしゃの 気もちを あらわす ために 言います。かん字では、「ご馳走さま」と 書き、「馳走」とは 走り回る、と いう いみです。
スーパーや コンビニエンスストアの ない むかしは、家に 来た おきゃくさんを もてなす ために、あちこち 走り回って 食べものを あつめました。この ことから、くろうして ごはんを 作って くれた 人への かんしゃを あらわす ことばに なったのです。

ごちそうさま

😊 **おうちの方へ**
言葉の意味がわかると、「いただきます」「ごちそうさま」と言う時に、心をこめることができますね。言う時は、何かを持ちながら、食べながらではなく、姿勢を整えましょう。

おこめは どうやって できるの?

たべもの

みんなの しょくじに かかせない お米。
お米は、いつ どこで 作られて いるのでしょう?

こがね色が とっても きれい!!

こたえ お米は いねから できて いて、田んぼで そだちます。

いねから ごはんに なるまで

田んぼで そだてられた いね
ほ / み（もみ）

み（もみ）

↓

お米（げん米）

もみすりを して、かわを とった もの

→

お米（白米）

ぬかと はいがを けずって、とった もの

ごはん

いねの 生長

半年の 間、時間と 手間を かけ、大切に そだてられます。

● 4月…なえ

田んぼとは べつの ばしょで なえを そだてます。

● 5月…田うえ

水を はった 田んぼに なえを うえます。田んぼに うえたら、「いね」と よびます。

● 6・7月…はが ふえる

どんどん はが ふえて、かぶが 大きく なります。

● 8月…花が さく

ほが 出て、つぎつぎと 花が さきます。

● 9月…みが そだつ

花の ぶぶんが ふくらんで、みが できます。

● 10月…しゅうかく

ほが たれて、黄色く なったら しゅうかくです。

しって いるかな

一口分の ごはんには、お米が 何つぶくらい あるかな？

一つぶ 一つぶが、いねの みだよ。大切に 食べたいね。

およそ135つぶ！

やさいや くだものは どうやって おみせに くるの？

たべもの

こたえ お店で 売って いる やさいや くだものは、はたけや かじゅ園などで 作られた あと、いろいろな ルートを 通って、お店に ならびます。

はたけ
多くの やさいは はたけで 作ります。

ビニールハウス
さむい 冬でも ビニールハウスの 中を あたためて、やさいを 作ります。

のうかの 人たちは、さむい日も あつい日も、やさいなどが ちゃんと そだつように かんりします。

かじゅ園
木に みのる くだものを 作ります。

工場
土を つかわない もやしや きのこなどを 作ります。

＊組合とは、そこで はたらく 人たちの くらしを よく する ために 作った しくみの ことです。

のうきょう

のうかの 人たちの 組合で、あつめた たくさんの やさいや くだものを どこへ 売るかを きめます。

しゅっか します。

おろし売り市場

日本かくちから いろいろな やさいや くだものが あつまります。

あつまった やさいなどを のうかの 人たちの かわりに、まちの お店などに 売ります。

さんちしょう人

のうきょうを 通さずに、ちょくせつ のうかの 人たちから 買った やさいなどを 市場や まちの お店に 売ります。

お店

おきゃくさんの ために いろいろな しゅるいの ものを ならべます。

今日は キャベツが おいしいよ！

りんご　トマト　たまねぎ
すいか　なす　オクラ
ぶどう　しいたけ　みかん
　　　キャベツ
かぼちゃ　いちご　だいこん
きゅうり　にんじん

どれも しんせんね！

おさかなは どうやって おみせに くるの?

こたえ お店で 売って いる お魚などは、海や 川、みずうみで とられたり、そだてられたりした あと、いろいろな ルートを 通って、お店に ならびます。

しゅっか します。

りょうしさんたちは、きせつや 天気、時間に 合わせて お魚などを とったり そだてたりします。

ほして、ひものを 作ります。

そだてます。

川

みずうみ
うなぎや しじみなどを そだてます。

海

さおで つります。

もぐって とります。

あみで とります。

ぎょきょう

りょうしさんたちの 組合で、あつめた たくさんの お魚などを どこへ 売るかを きめます。

おろし売り市場

日本かくちから いろいろな お魚などが あつまります。

おろし売りぎょうしゃ

りょうしさんたちの かわりに、なかおろしぎょうしゃに お魚などを 売ります。

なかおろし ぎょうしゃ

おろし売りぎょうしゃから 買った お魚などを、市場の 中に ある 自分の お店に ならべて、まちの 魚やさんや りょうりやさん、お店などに 売ります。

お店

おきゃくさんが 食べやすいように、お魚を さばいたり さしみに したりします。

上手だね。

食べやすく さばくよ！

さば / あじ / たい / やりいか / まだこ / さしみ / さけ / ぶり / たらばがに / くるまえび / はまぐり / あさり / しじみ

おにくは どうやって おみせに くるの?

たべもの

こたえ　お店で 売って いる お肉は、ぼく場や ようとん場、ようけい場で そだてられた あと、いろいろな ルートを 通って お店に ならびます。

しゅっか します。

ようとん場
ぶたを そだてます。

ぼく場
牛を そだてます。

ようけい場
にわとりを そだてます。

せいさんしゃの 人たちは、みんなが あんしんして 食べられるように どうぶつたちを だいじに そだてます。

＊せいさんしゃとは、くらしに ひつような ものを 作ったり そだてたりする 人の ことです。

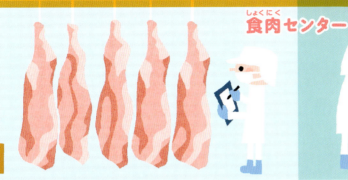

食肉センター

どうぶつたちの けんさを して、ごうかくした ものを 食べる ための お肉に して いきます。

お肉を ぶぶんごとに 分けます。

お店

おきゃくさんが えらびやすいように、お肉の しゅるいごとに 分けて ならべます。

食肉ぎょうしゃ

おきゃくさんが 食べやすく ちょうりしやすいように、お肉を スライスしたり パックに つめたりします。

いらっしゃい!!

とり肉 — 手羽元 / ほねつきもも肉 / ささみ
ぶた肉 — うす切り / ベーコン / ハム / ソーセージ
牛肉 — あつ切り / うす切り / ひき肉

何を 買おうかしら。

わしょくって なあに?

「和食」は、日本に 古くから つたわる しょくじの ことです。
しぜんや かんきょうに 合った ちえや くふうが いっぱいです。

えいようの バランスが いい

しゅしょくの ごはんに おみそしるなどの しるもの。
これに しゅさいと ふくさいを 組み合わせると、体に
ひつような えいようを バランスよく とる ことが できます。

● 一じゅう三さい

「1つの しるものと 3つの おかず」と
いう いみで、わしょくの きほんの 形です。

そざいの あじが 引き立つ あじつけ

わしょくの あじつけでは、こんぶや かつおぶしの だしが とても 大切です。
これに「さとう」「しお」「す」「しょうゆ」「みそ」などを 組み合わせる ことで、
そざいの あじが 引き立ちます。

● ちょうみりょうの
「さしすせそ」

この じゅんばんに
入れると、おいしく
なります。

さとう　　しお　　す　　せうゆ（しょうゆ）　　みそ

春(はる) さんさいの 天(てん)ぷら

夏(なつ) うなじゅう

秋(あき) きのこの ごはん

冬(ふゆ) なべ

きせつかんを 大切(たいせつ)に

しゅんの しょくざいを つかい、きせつに 合(あ)った もりつけを します。見(み)た目(め)に うつくしく、また しゅんの しょくざいは しんせんで えいようかが 高(たか)く、おいしいです。

● 「しゅん」とは、食(た)べものが いちばん 多(おお)く とれて おいしく なる きせつの ことです。

ぎょうじや ちいきとの むすびつき

ぎしきや おまつりなどの ぎょうじで 食(た)べる ぎょうじ食(しょく)。そして、ちいきごとに どくとくな きょうど食(しょく)。みぢかな ものを 大切(たいせつ)に する 日本人(にっぽんじん)の 心(こころ)が よく あらわれて います。

● ぎょうじ食(しょく)

お正月(しょうがつ)
おせちりょうり・おぞうに

こどもの日(ひ)
かしわもち

● きょうど食(しょく)

秋田県(あきたけん)
きりたんぽなべ

宮崎県(みやざきけん)
ひやじる

😊 おうちの方へ

2013年12月に、「和食」がユネスコの無形文化遺産に登録されました。健康食として、世界中で支持される私たちの食文化を、子どもたちの代にも伝えるべく、日常の生活にも進んで取り入れていきたいですね。

なっとうは なぜ ねばねばして いるの?

なっとうは おいしいけれど
ねばねばして いて、
食べるのは ちょっと たいへんです。
なぜ ねばねばして いるのでしょうか?

こたえ なっとうを 作る「なっとうきん」が ねばねばを 作るからです。

なっとうが できるまで

なっとうは、ゆでたり、むしたり した だいずに なっとうきんを くっつけて 作ります。
なっとうきんは、だいずを えいように して、どんどん ふえ、なっとうを 作り出して います。

のびーーる!

すごーーい!

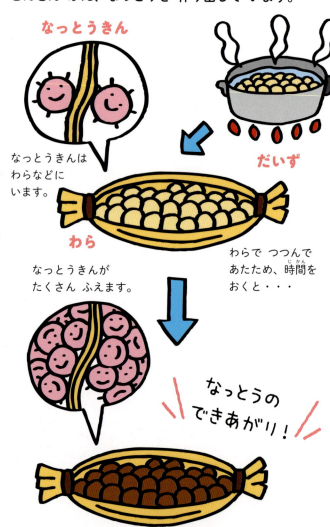

なっとうきん

なっとうきんは わらなどに います。

だいず

わら

わらで つつんで あたため、時間を おくと・・・

なっとうきんが たくさん ふえます。

なっとうの できあがり!

なっとうの ねばねばの 正体

なっとうきんは、だいずの たんぱくしつを 分かいして、「グルタミンさん」と「フラクタン」を 作ります。
フラクタンは、グルタミンさんを くっつけ合って ねばりの 糸を 作り出します。

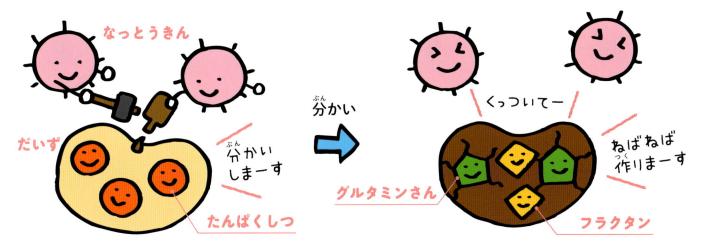

よーく まぜると、ねばりも まろやかさも アップ！

なっとうを よく まぜると、ねばねばを あんていさせて くれる フラクタンが うごきまわるので、
ねばりが アップします。
りゆうは はっきりと わかっては いませんが、なっとうは まぜれば まぜるほど ねばりが 強く なります。
また、よく まぜると 空気を ふくんで まろやかに かんじるように なります。

やってみよう

ねばりを おさえるには？

なっとうの ねばねばが ちょっと にがて…と いう 人も いますね。
そんな ときは、すを 少し 入れて みましょう。
ねばりの もとを 分かいするので、ねばりが 少なく なります。

? たべもの かつおぶしは なぜ おこのみやきの うえで うごくの?

あつあつの おこのみやきに のせた
かつおぶしを 見ると、
まるで おどって いるように
ゆらゆら うごいて います。
どうしてでしょうか?

生きて いるみたい!

ノリノリだね!

こたえ かつおぶしを おこのみやきに のせると、
かつおの さいぼうが、おこのみやきから 出て くる あつい 水分を
すいとって、いきおいよく ふくらむからです。

かつおぶしには 水分が ない

かつおぶしは、かつおを かわかして、うすく けずった ものです。

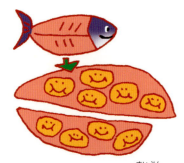

かつおの さいぼうは 水分が
入って いて ふくらんで います。

切った みを かわかすと、
さいぼうから 水分が
出て、さいぼうは ちぢみます。

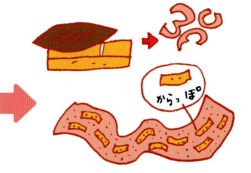

かんぜんに 水分が 出て いって、
かわいた さいぼうは、スポンジの
ように、すかすかです。

かわいた さいぼうは、あつい 水分で ふくらむ

かつおぶしに 水と おゆを かけて、
水分の すいとり方を くらべて みました。
水の 場合は、あまり すいとらず、
さいぼうの へんかも 小さいです。
おゆの 場合は、よく すいとって、
さいぼうも 一気に ふくらみました。

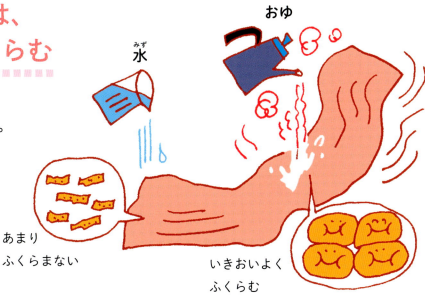

かつおぶしが おどる しくみ

かつおぶしに あつい 水分が 当たると、
さいぼうは 水分を すいとって、
いきおいよく ふくらみます。
この とき、当たり方に むらが あるので、
かつおぶしの さまざまな
ぶぶんで つぎつぎに さいぼうが
ふくらむ ため、うごきが 生まれ、
おどって いるように 見えるのです。

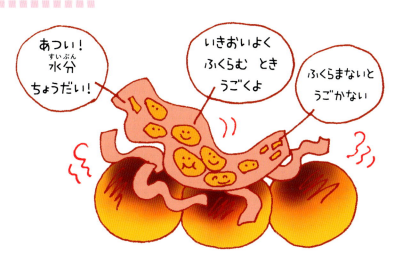

やってみよう

かつおぶしを おどらせよう

かつおぶしが おどるのは
①しめり気が ある とき
②ゆげが 出るほど あたたかい
　ものに のせた とき
おこのみやきの ほかには
どんな ものが あるでしょうか?
いろいろな もので かつおぶしが
おどるか どうか ためして みましょう。

? つぎの ひの カレーは なぜ おいしいの?

できたての カレーは もちろん おいしいけれど、つぎの 日の カレーを もっと おいしく かんじるのは なぜでしょう?

こたえ 時間が たつと、カレーの おいしさが ふえるからです。

時間が たつと、おいしさが ふえる

作りたての カレーには、こうしんりょうの とげとげした かおりが ありますが、時間が たつと その かおりが とんで まろやかに なります。そして、やさいや お肉などの おいしさが カレーに どんどん とけ出して まざり合います。そうすると、あじが ますます ふかく おいしくなるのです。

🙂 **おうちの方へ**

カレーは、底の浅い容器に移しかえて、冷ましてから冷蔵庫に入れましょう。特に、気温の高い夏は、腐りやすくなるので注意しましょう。

かおり / いろいろな おいしさ

時間が たつと、ぐに あじが よく しみこむ

カレーを にこむと、ぐから おいしさが とけ出して まざり合います。
ぐは さめる ときに 水分を すう とくちょうが あります。
つぎの 日に なると、カレーは さめる ため、とけ出した おいしさが ぐに しみこみます。

にこむ とき、ぐの おいしさが カレーに とけ出し、まざり合います。

さめる とき、おいしく なった カレーの あじが ぐに しみこみます。

しって いるかな

カレーを おいしく する くふう

つぎの 日の カレーが おいしいのは わかって いても、前の 日から 作るのは たいへんです。
そんな とき、「ぐは さめる ときに、水分を すう、おいしさを しみこませる」と いう とくちょうを 生かし、つぎの 日の あじに 近づける ほうほうが あります。

やさいや お肉に 火が 通った あと、いちど さましてから あたためます。

おこのみで プラスして みましょう。

ぎゅうにゅう　ソース　ジャム
ヨーグルト　チョコレート

かくしあじね

しあげに 足すと、おいしさや まろやかさが アップします。

りんごの みつって なあに?

た べ も の

りんごを 切ると、色が こい ぶぶんが あります。
これは りんごの みつです。
みつって 何でしょうか?

こたえ みつは、はっぱで 作られた ソルビトールと いう えいようと 水分が あつまって できた ものです。りんごが 木で しっかり じゅくした しるしです。

はっぱが みつを 作る

しょくぶつは、はっぱが えいようを 作って います。
みつの もとに なる、ソルビトールも はっぱで 作られ、みに おくられます。

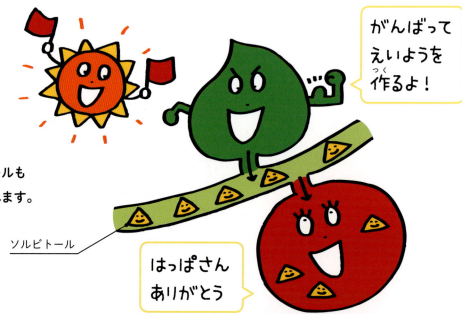

がんばって えいようを 作るよ!

ソルビトール

はっぱさん ありがとう

みつは、ソルビトールが あふれた もの

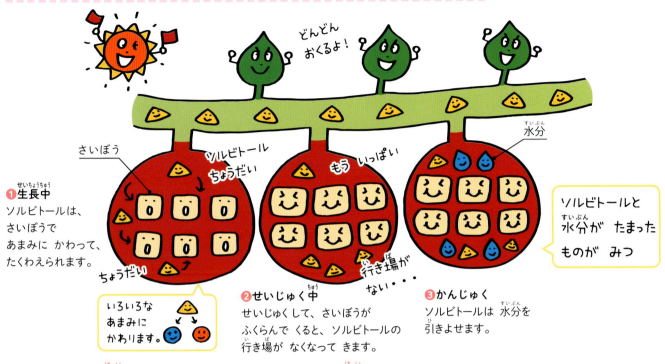

みつが 入りやすい ものと 入りにくい もの

りんごには、いろいろな しゅるいが あります。みつの 入り方も いろいろです。

やってみよう

みつが 多い りんご、わかるかな?

みつが たっぷり 入って いるか どうかを 見分ける ポイントが あります。切る 前に 当てっこして みましょう。

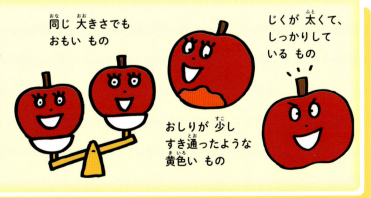

わたあめは なぜ つぎの ひに なると ちいさく なるの?

わたあめは、ふわふわで おいしいですね。
でも、つぎの 日には せっかくの
ふわふわが 小さく しぼんで しまいます。
それは、なぜなのでしょうか?

あまーい いい におい!

こたえ
空気中の 水分を わたあめが すうため、あめが とけて 小さく なるのです。

あめが 細い 糸みたいに なったのね!

わたあめは、かいてんがまで 作る

わたあめは せんようの きかい「かいてんがま」で 作られます。
かいてんがまを すばやく かいてんさせて、火で あつく しながら さとうを 入れると、小さな あなから、とけた さとうが 糸のように 細い あめに なって 出て きます。
これを からめとった ものが、わたあめです。

さとう（ざらめ）

スプーン 1ぱいで 大きな わたあめに なります。

入れる
ぼうで からめとる
下から 火で あつくする
小さな あなが たくさん あいて いる
かいてんがま

さとうは 水分を すう

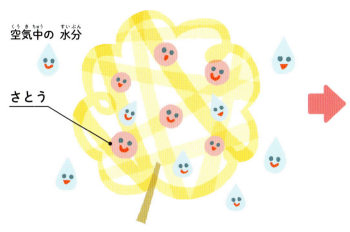

空気中の 水分

さとう

わたあめが ふわふわして いるのは、細い あめと あめの 間に、空気が 入って いるからです。

あぁ、ざんねん！

その 空気中には 水分が あり、さとうは その 水分を すう せいしつが あります。さとうは 水分を すうと、とけて 形が くずれます。
だから、わたあめは 小さく なるのです。

小さく なりやすい かんきょう

● むしむしした 日や ばしょ

むしむしした 日や ばしょでは、さとうが とけて しまいます。

● ぺたぺたと さわる

力を 入れると、細い あめが おれて、小さく なります。

● 雨の 日

空気中の 水分を どんどん すいよせて しまいます。

やってみよう

小さく なった わたあめを おいしく 食べよう

小さく ちぎってね

⚠ ちゅうい かならず おうちの 人と いっしょに ためしましょう。

● わたあめトースト　バターや マーガリンを ぬった パンに、わたあめを のせて やきます。

インスタントラーメンは なぜ おゆを いれて すぐに たべられるの?

「おなかが すいた! 早く 食べたい!」と いう ときに さっと おゆを 入れるだけで すぐに できる インスタントラーメンは とても べんりです。どうして そんなに かんたんに できるのでしょうか?

いい におい!

こたえ インスタントラーメンの めんには、スポンジのように 小さな あなが たくさん あいて います。この あなが、おゆを すばやく すうので、すぐに めんが やわらかく なって 食べられるのです。

● おゆを 入れる 前

じっさいの ようす

● おゆを 入れた 後

じっさいの ようす

おゆを 入れる 前は、かたくて 細いです。

おゆを 入れると‥‥。

やわらかく ふくらみます。

これを、「おゆで (もとに) もどす」と いうのね!

インスタントラーメンの めんが できるまで

こむぎこを こねて 細い めんに する ところまでは、お店の ラーメンと 同じ 作り方です。そのあと、むして あぶらで あげ、さます ことに よって、いつでも おゆを 入れる だけで 食べられる インスタントラーメンに なるのです。

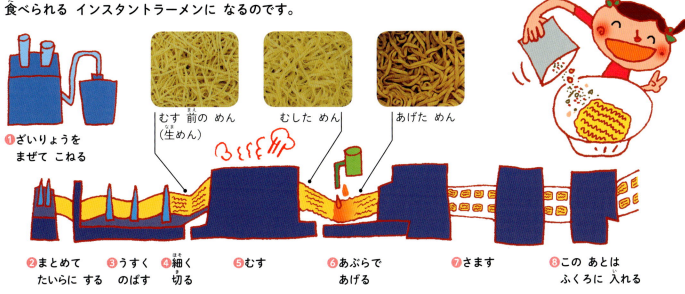

めんの ようす

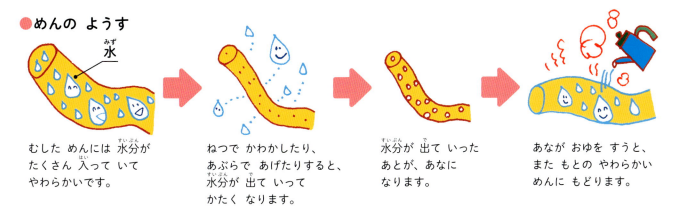

むした めんには 水分が たくさん 入って いて やわらかいです。

ねつで かわかしたり、あぶらで あげたりすると、水分が 出て いって かたく なります。

水分が 出て いった あとが、あなに なります。

あなが おゆを すうと、また もとの やわらかい めんに もどります。

おゆで もどる ものは いろいろ あるよ

インスタントラーメンに ついて くる ぐや スープも おゆで もどすだけで すぐに 食べられます。どれも、めんと 同じように カラカラに かわいた じょうたいです。おゆで もどすと、どのような へんかが おこるか 見て みましょう。

がいこくの ひとは どんな りょうりを たべて いるの?

どれも おいしそう!
日本は おすしだね!

イタリア
ボーノ!
(おいしい!)

フランス
セボン!

トルコ
レゼットリ!

中国
ハオチー!

🇹🇷 トルコ

ケバブ
牛肉や ひつじの お肉、やさいなどを くしに さして 火で あぶった ものです。

🇮🇹 イタリア

スパゲッティ ボロネーゼ
いろいろな パスタを 食べます。ひき肉や やさい、トマトソースが 入って、えいようが たっぷりです。

🇫🇷 フランス

ブイヤベース
世界でも 人気の スープの ひとつです。お魚や えび、かになどの 海の ものが たくさん 入って います。

🇨🇳 中国

シューマイ
ぶた肉を、こむぎこの かわで つつんで むした もの。中の ぐざいも いろいろ かえられます。

わたしたちの ちきゅうには およそ 200もの 国や ちいきが あり、国、ちいきごとに それぞれの きこうや かんきょう、ぶんかに 合わせて 生まれた、どくとくの りょうりが あります。
国に よって、つかわれて いる しょくざいも りょうりの しかたも さまざまです。
ここで、いくつかの りょうりを しょうかいしましょう。
「おいしい！」と いう 言い方も それぞれです。

インド
スワディッシュト！

ロシア
フクスナ！

アメリカ
グッド！

スペイン
ブエノ！

インド
カレー
スパイスが たくさん きいた ちょうみりょうを つかった カレーです。

アメリカ
ハンバーガー
お肉を よく 食べる アメリカでは、パンに お肉を はさんで 食べます。そのとき、やさいや チーズなども いっしょに はさみます。

スペイン
パエリア
見た目が カラフルな りょうりです。お米や やさい、お魚、お肉などを たっぷり 入れて、たきこみます。

ロシア
ピロシキ
ひき肉や、きのこなどを つつんで、あげたり オーブンで やいたり した パン。形が 日本の カレーパンに にて いますね。

😊 おうちの方へ
外国の料理を食べることで、日本以外の国を知り、改めて和食の良さや特徴を知ることができますね。近年、さまざまな外国の料理が食べられる場所も増えています。お子さんと一緒に、外国を味わいに出かけてみるものいいですね。

そばや うどんは なぜ おとを たてて たべるの？

そばや うどんを 食べる とき、ズルズルズルー！と 音を 立てて 食べます。
音を 立てて 食べるのには ひみつが あるのでしょうか？

こたえ 音が 出るほど めんを すすると、だしと 空気も いっしょに 口の 中に 入って くるので、あじや かおりを、よく かんじる ことが できるからです。

あじや かおりを よく かんじられる しくみ

空気が ぬける

口と はなは、おたがいの おくの ほうで つながって います。
すすった めんと だしは、したの 上で とどまり、
空気だけが はなから ぬけます。
そのため、あじと かおりを より 強く かんじる ことが できるのです。

どんな めんも 音を 立てても いいの？

音を 立てないで、食べるのが しょくじの マナーですが、
音を 立てて いい ものと、立てては いけない ものが あります。

マナーを 知って、気もちよく 食べたいね。

● 音を 立てて いい もの

うどん / そば / ラーメン / そうめん

● 音を 立てては いけない もの

しずかに おねがいしまーす。

スパゲッティ

やきそば

春雨サラダ

やってみよう

めんの きれいな 食べ方

長い めんを、いきおいよく 音を 立てて すすると、スープが とびちって、ふくなどが よごれて しまいます。めんの まん中を つまんで、まとめてから すすると、あまり とびちる ことなく、きれいに 食べられます。

どうして いちにちに なんかいも ごはんを たべるの？

朝ごはん、昼ごはん、そして おやつに 夕ごはん。
一日に 何ども ごはんを 食べるのは なぜでしょう？

＊これは 6さいの 子どもが 一日で 食べる りょうりの 組み合わせ 見本です。

朝　昼
おやつ　夕

わぁ、たくさん！

こたえ　一日、元気に うごけるように したり、じょうぶな 体を つくったりする ためです。

食べた ものは、体の エネルギーを 生み出す もとに なる

食べた ものの えいようは、血に とりこまれて、体じゅうに はこばれます。そして、体を うごかしたり、つくったりする ための エネルギーを 生み出す もとに なります。

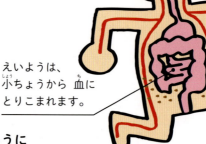

えいようは、小ちょうから 血に とりこまれます。

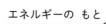

エネルギーの もと　　血

エネルギーの もとは ふえたり、へったり する

エネルギーの もとは、ごはんを 食べると、いっぱいに なりますが、べんきょうや うんどうを すると へって しまいます。元気に うごけるように、しっかり 食べましょう。

ねて いる 間も エネルギーの もとを つかって います。

エネルギーの もとが いっぱいに なりました。

頭や 体が しっかり はたらきます。

夕方も 元気に うごけるように、少し ほきゅうします。

元気 いっぱいに うごく ことが できます。

ごごに そなえて エネルギーの もとを いっぱいに します。

夕ごはんまで 元気に かつどうする ことが できます。

昼間に つかった エネルギーの もとを おぎなう ためと、ねて いる 間に 体を つくる ために、エネルギーの もとを いっぱいに します。

体を つくる ことが できます。

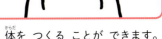

やってみよう

体内時計を ととのえる

あなたは、毎日 きまった 時こくに ごはんを 食べて いますか？ 人の 体には「体内時計」と よばれる 時計が あります。それは 昼間 元気に うごいて、夜は しっかり 休むように 体の はたらきを ちょうせいする ものです。元気に すごせるように 毎日 きまった 時こくに ごはんを 食べるように しましょう。

どうして おかしを いっぱい たべては いけないの?

おかしを おなか いっぱいに 食べられたら、なんて うれしい ことでしょう。
でも、それを しては いけないのは、なぜでしょうか?

どれも 大すき!

食べ出すと、止まらなく なるよね!

こたえ あまい おかしや、スナックがしには、さとうや あぶらが たくさん 入って います。食べすぎると ごはんが 食べられなく なって、ひつような えいようそが とれなくなって しまうからです。

おかしの いい ところ・わるい ところ

○ **いい ところ**

すぐに 食べられる 　 楽しい 気ぶんに なる

× **わるい ところ**

太りやすく なる　 こい あじに なれて しまう　 さとうは むしばに なりやすい

おやつは 何を 食べれば いいの？

子どもは、1回に 食べる しょくじの りょうが 少なく、
3回の しょくじだけでは せいちょうに ひつような えいようそが たりません。
おやつも しょくじの つもりで 食べましょう。

● おすすめの しょくざい

ごはんに えいきょうしない 時間に ちょうど いい 分だけ 食べようね。

くだもの／にゅうせいひん／こんぶ／いも／まめ

やってみよう

おやつクッキング

えいようそが 入った おいしい おやつの 作り方を しょうかいします。

⚠ ちゅうい かならず おうちの人と いっしょに やりましょう。

とうにゅうにんじんケーキ

● ざいりょう
にんじん…1本／ホットケーキミックス…200g
とうにゅう…50cc／たまご…1こ

❶ にんじんを すりおろす。

❷ のこりの ざいりょうを ぜんぶ まぜ合わせる。

❸ おかまに バターを ぬって ❷を 入れ、ふつうに たく ときの スイッチを 入れる。

❹ やきあがったら、おさらに 引っくりかえして できあがり。

「よく かんで たべなさい」と いわれるのは なぜ?

よく かんで 食べる ことには
どんな いい りゆうが
あるのでしょうか?

こたえ よく かむと、つば（だえき）が たくさん 出て、あじが よく わかります。
そして、ほかにも 体に いい ことが たくさん あります。

あじが よく わかる しくみ

よく かむと、つばが たくさん 出て、
食べものと まざり合います。
これを したや 口の おくに ある「みらい」が
うけとって、あじを かんじます。
みらいは したの おくに たくさん あるので、
おくばで 長く かむと、あじが よく わかると
いう わけです。

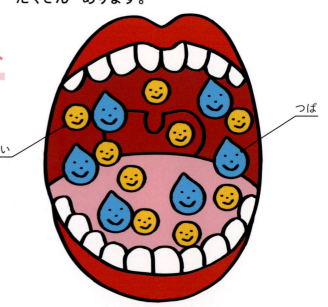

すごいぞ！つばパワー

かめば かむほど、たくさん 出て くる つば。
つばには すごい はたらきが たくさん あります。

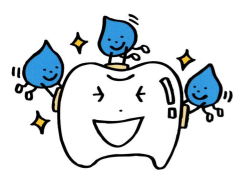
はを きれいに して、むしばに なりにくく します。

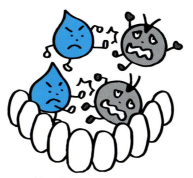
口に 入った ばいきんを やっつけます。

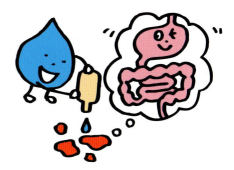
つばは、食べものを 細かく する はたらきが あるので、いちょうを たすけます。

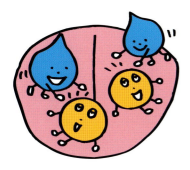
ねて いる みらいを おこして、あじを かんじやすく します。

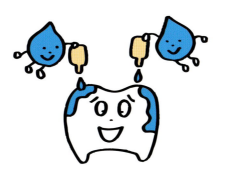
とけた はの ひょうめんを なおします。

体を つくったり、元気に なる しんごうを 出したりします。

まだまだ あるよ！よく かむと いい こと

顔の きん肉が はったつして、いい ひょうじょうに なります。

食べすぎを ふせぎます。

のうを しげきして、頭が よく はたらきます。

やってみよう

かむのが 上手に なる

よく かんで 食べられるように なる ほうほうが あります。ぜひ やって みましょう。

●きちんと すわりましょう。

●ゆっくり 食べましょう。

その ほかにも
●むしばが あったら なおしに 行きましょう。
●はごたえの ある ものも 食べる ように しましょう。

「おなか いっぱい!」の あとでも なぜ デザートは たべられるの?

おうちの方へ

食後にデザートを食べることを「別腹に入れる」と表現するときもありますね。食後のデザートは、「食事の楽しみの一つ！」、「まだ、お腹に入るかも…」と言いながら、ついつい手がのびてしまいがちです。しかし、カロリー等の摂り過ぎに気を付けながら、ほどほどに楽しむようにしましょう。

しょくじを おなか いっぱい 食べた あとでも、なぜか、デザートは おなかに 入れる ことが できます。その 体の しくみは、のうが コントロールして いるのです。
体は 食べられない ときの ために、えいようを ためこんで おこうと するので、まんぷくかんを えられそうな ものを 見ると、のうが、「それは ひつよう！」と はんだんし、もっと 食べられるように おなかに はたらきかけます。

？ さつまいもを たべると なぜ おならが でるの？

たべもの

ほくほく おいしそう

さつまいもを 食べた あと、
おならが プーッと 出る ことが ありますね。
それは さつまいもに ひみつが あるからです。

 こたえ さつまいもの 中には、おならの もとが たくさん 入って いるからです。

おならの なかみ

おならの ほとんどが、
食べものを 食べた ときや、
おしゃべりを した ときに
のみこんだ 空気です。
これに、食べた ものから できる
ガスが 合わさって
おならに なります。

食べものから 出る ガス

食べた ときや
おしゃべりを した ときに
のみこんだ 空気

わあ、しつれい しました！

プー！

ガスって なあに？

おなかに 入った 食べものは、
「い」や 「ちょう」を 通ります。
ちょうには、「きん」が いて、
食べものを 細かく して、うんちを 作る
手だすけを して います。
この とき、ガスが 出ます。
この ガスと 口から 入った 空気が
合わさって、おならに なります。

さつまいもには、おならの もとが いっぱい

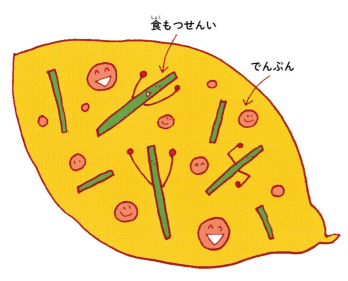

さつまいもには、「食もつせんい」と「でんぷん」が
たくさん 入って います。食もつせんいは ちょうの
はたらきを よく します。きんは、でんぷんを
とくに 早く 細かく する ことが できます。
そのため、ガスも つぎつぎと 出て、
おならも たくさん 作られるのです。

おならは がまんせずに ちゃんと 出そう

おならを がまんすると、体に よく ありません。
がまんせずに、ばしょを えらんで 出しましょう。
うっかり 人の いる ところで 出して しまった
ときは、「しつれいしました！」と 言いましょう。

●おならを がまんすると・・・。

おなかに ガスが たまって
いたく なる。

わるい ガスが 出て きたり、
べんぴに なったりして しまう。

こどもは なぜ おさけを のめないの?

大人は おさけを のんで 楽しそうですね。どうして 子どもは おさけを のんでは いけないの でしょうか?

 おさけに 入って いる アルコールは、子どもに とって 体に わるい えいきょうばかり あるからです。20さいに なるまで、おさけを のんでは いけないと ほうりつで きめられて います。

体の せいちょうに わるい えいきょうが ある

のうの しんけいが こわれます。のうが 小さく なって しまう きけんが あります。

ほねが 弱く なる きけんが あります。

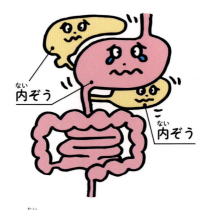

内ぞうに ふたんが かかって、弱く なって しまいます。

子どもの 体は、アルコールを 分かいできない

ほとんどの 大人の 体には アルコールを 分かいする 「こうそ」が あります。
のんだ アルコールは、かんぞうまで くると、この こうその はたらきで あせや おしっこ、はく いきに かわり、体の 外へ 出されます。
しかし、子どもには この こうそが 少ないので、アルコールを のんでも、上手に 分かいする ことが できません。

きゅうせい アルコール ちゅうどくの きけんが ある

分かいされない アルコールが、体の 中に たまると、体じゅうの はたらきが ストップします。
「きゅうせい アルコール ちゅうどく」と いう きけんな じょうたいに なって しまいます。

むねが ドキドキ くるしく なります。

気もちが わるく なります。

くらくらします。

そのほかにも いのちに かかわる ことが あります。

おさけは 大人に なってから のみましょう。

おとなは なぜ にがい コーヒーを おいしく のめるの？

大人は にがい コーヒーを おいしそうに のんで います。どうして 大人は にがくても のむ ことが できるのでしょうか？

こたえ 人は、口に 入れた ものに「にがみ」を かんじると、「どくかも しれない」と はんだんし、「きらいな あじだ」と 思います。しかし、大人は けいけんに よって、「コーヒーは どくでは ない」と 知って いるので、にがくても のむ ことが できるのです。

ほんのうで 食べたいと かんじる あじ

人が かんじられる あじは、「あまみ」「しおあじ」「うまみ」「にがみ」「すっぱみ」の 5つです。このうち、「あまみ」「しおあじ」「うまみ」は ほんのうで 食べたいと かんじる あじですが、「にがみ」「すっぱみ」は 食べたくないと かんじる あじです。

＊ほんのうとは、その 人が 生まれつき もって いる せいしつや、心の はたらきの ことです。

あじは えいようを はんだんする

人は、ほんのうで 食べものに 入って いそうな えいようそが 体に ひつようか、それとも、体に わるいかを あじで はんだんして います。

●体に ひつようだと かんじる あじ

しおあじ — しおなど
体の きのうを ちょうせいして いる ミネラル。

うまみ — お肉など
体を つくる アミノさん。

あまみ — さとうなど
体を うごかす エネルギーに なる ブドウとう。

あじは したで かんじるよ。

●体に わるいかも しれないと かんじる あじ

すっぱみ — レモンなど
つかれを とる クエンさんなど。でも、くさって いるかも しれないと かんじる あじ。

にがみ — ピーマン、コーヒーなど
きけんかも しれないと かんじる あじ。大人に なると すきに なる ことも。

「すき」「きらい」は けいけんで かわる

「きらい」だと 思う あじも、それを 食べる ことで 体の ちょうしが よく なって 「すき」に なる ことが よく あります。
「きらい」と きめつけずに、ちょうせんして みましょう。

みんなで たべると、なぜ ごはんが おいしいの？

のうが おいしいと かんじる しくみ

人は 食べものを 見ると、のうに しんごうが おくられて、「おいしそう」「おいしくなさそう」など、見た目の はんだんを します。そして つぎに、食べものを 食べると、また のうに しんごうが おくられて、「あまい」「しょっぱい」など、こんどは あじの しゅるいを はんだんします。そのあと、あじと 気もちとを むすびつけて、「いい 気分」だと「食べたい、おいしい」、「わるい 気分」だと「食べたくない、おいしくない」と かんじるように なって います。

😊 おうちの方へ

「一人で食事をする子どもが増えている」といわれて久しいですが、その数は年々増加しているようです。食卓は、子どもの成長を見たり、感じたりできる最適の場です。その日のできごとや、感じたことを聞き、そして子どもの食の進み方を見ることで、今の子どもの様子を知ることができるでしょう。家族で共有する食事の時間を大切にし、「おいしいね」「楽しいね」と感じられる食卓を経験させてあげたいですね。

コミュニケーションが 大切（たいせつ）

人（ひと）は ほんのうで、きけんを さける ために、はじめての ものや 食（た）べなれない ものは「きけんだから 食（た）べないで おこう」と はんだんします。しかし、そばに いる 人（ひと）が おいしそうに 食（た）べて いると、あんしんして 食（た）べられます。いろいろな 人（ひと）と 食（た）べる ことに よって「おいしい」と かんじる チャンスが 広（ひろ）がり、楽（たの）しく 食（た）べる ことが できるのです。

なぜ たべものを かんづめに するの?

食べものには そのままの じょうたいの ものも ありますが、
かんづめに なって いる ものも ありますね。
何が ちがうのでしょうか?

こたえ 食べものは、そのまま おいて おくと、空気中の「きん」などの はたらきで くさって 食べられなく なって しまいます。そこで、かんに つめる ことで 食べものに 空気が ふれないように して いるのです。

かんづめの 中の 食べものが くさらない しくみ

食べものを くさらせない ためには、きんを 入れない ことです。かんづめには そのための くふうが あります。

❶中の 空気を ぬいて、きんが 入って こないように しっかり ふたを します。

❷ねつで きんを やっつけます。

ツナの かんづめが できるまで

\こおって いるよ!/

ざいりょうは まぐろ。

頭と 内ぞうを とる。

きれいに あらって むす。

かわや ひれを とる。

中の 空気を ぬいて、ふたを する。

あじを つけ あぶらを 入れる。

かんに つめて、おもさを チェックする。

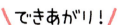
おいしい ところだけを えらぶ。

外がわを きれいに あらって、ねつで きんを やっつける。

きちんと できて いるか けんさを する。

\できあがり!/

かんづめは、いろいろな ときに やくだつ

かんづめは あけたら すぐに 食べられるので、りょうりが できない ときにも とても べんりです。

山のぼりや キャンプの とき

さいがいの とき

でんしレンジは なぜ たべものを あたためる ことが できるの?

つめたかった 食べものも
あっと いう 間に
あたためて くれる 電子レンジ。
その ひみつは なんでしょう?

こたえ 電子レンジでは「マイクロは」と いう 電ぱが 出て います。これに よって 食べものの 中の 水の つぶが すごい はやさで ゆさぶられ、ぶつかり合います。すると、ねつが 出て あたたまる しくみです。

食べものの 中の、水の つぶが ぶつかり合う。

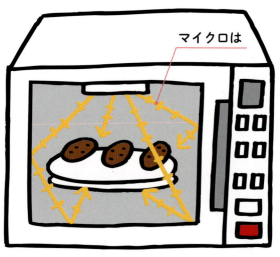

おしくらまんじゅうを すると、体が あたたまるのと 同じだよ。

電子レンジは スーパー コックさん

電子レンジでは いろいろな りょうりが かんたんに できます。

あたためる
のみものも あたためる ことが できます。

むす
肉まんも ほかほかに むします。

いる
ポップコーンも 作れます。

にる
にこみりょうりも できます。

ゆでる
やさいも すぐに ゆでます。

電子レンジは こんなに たくさんの ことが できるから とっても べんりね！

かわかす
しけって しまった のりや おせんべいも もと通りに します。

とかす
こおって かちかちだった お肉も やわらかく します。

しって いるかな

あたたまる タオルと あたたまらない タオル

タオルを つかって、電子レンジが 水を あたためて いる ことが わかる じっけんを して みました。

⚠ **ちゅうい** ためす 場合は、かならず おうちの人と いっしょに やりましょう。

●ぬらした タオル
あたたまりました。

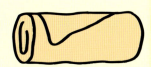
●かわいた タオル
あたたまりませんでした。

☺ **おうちの方へ**

電子レンジは機能的でとても便利な機械です。しかし、扱い方を間違えると、事故にもつながりかねません。電子レンジには、機種により違いがあります。温め時間は、それぞれ最適なものを選んでください。その際は、お使いの取り扱い説明書に合わせて進めてください。

おしょうがつに おせちりょうりを たべるのは どうして?

お正月は みんなで おせちりょうりを 食べます。
それは なぜでしょうか?

こたえ

おせちりょうりは がんたんに おむかえする「としがみさま」への おそなえものです。おそなえした あと、それを いただいて、一年の しあわせと けんこうを いのります。

かがみもちも としがみさまへの おそなえもの です。

としがみさまは お正月の かみさま

はつ日の出と ともに みんなの ところへ 行きます。

としがみさまは、がんたんに わたしたちの 家に やって きて、一年間の しあわせを くださると いわれて います。

おめでとう ございます!

としがみさまを むかえて、おめでたいので「おめでとう」と あいさつします。

おせちりょうりには しあわせを ねがう 気もちが つまって いる

おせちりょうりは「めでたさを かさねる」ことを ねがって、じゅうばこに つめて かさねます。りょうりは、しあわせや けんこうを ねがって いただきます。

れんこん
あなが あいて いるので、みらいの ことが よく 見えますように。

かまぼこ
赤は めでたさ、白は きよらかな 心を あらわして います。

こぶまき
「よろこぶ」に かけて、よろこぶ ことが たくさん ありますように。

えび
ひげが 生えて こしが まがるまで、長生き できますように。

かずのこ
たまごの 数が 多い ことから、子どもが たくさん 生まれますように。

田作り
むかし、ひりょうとして 小魚を まいた ことから、お米が たくさん できますように。

黒まめ
まめまめしく、けんこうに はたらけますように。

だてまき
まきものに にて いる ことから、ものしりに なれますように。

しって いるかな

おぞうに

としがみさまに おそなえを した もちの ごりやくを いただく ために 作ります。もちは 長く のびる ことから、食べると 長生きできると 言われて います。ぐや あじは、ちいきに よって、さまざまな とくちょうが あります。

新潟県
さけや いくら、にんじん などが 入って います。

東京都
とり肉や やさい、かまぼこ などが 入って います。

京都府
さといもなどが 入って います。白みそが とくちょうです。

宮崎県
いのししの 肉や やさい などが 入って います。

おみせで うれのこった ものは どうなるの?

お店には、わたしたちの 食生活に かかす ことの できない 食べものが いつも よういされて います。しかし、さまざまな りゆうに よって 売れのこって しまう ものも あります。それらを すべて すてるのは、とても もったいないので、お店では、いろいろな くふうが されて います。

食ひんリサイクル ①

フードバンクに きふ

まだ 食べられるけれど、形が くずれたり はこなどが こわれたりして お店で 売れなくなった ものを きふし、ひつような ところに くばって もらいます。

食べものを あちこちから あつめて くばって いる グループを 「フードバンク」と いいます。

ひつような ものを ひつような 分だけ、食べものに こまって いる 人や しせつに とどけます。

食ひんリサイクル ②

売れのこった 食べもので、エネルギーを つくる 工場に わたします。

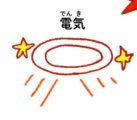
電気

のりものの エネルギー

ガス

食べものを はっこうさせて ガスを つくります。

もやして 出た ねつで 電気を つくります。

電気や ガスは、お店を ささえる エネルギーに なります。

😊 おうちの方へ

今回紹介した以外にも、残った食べ物を無駄にしないさまざまな取り組みが、各施設で行われています。私たちがまずできることは、「食べものは残さない」、そして「買い物をしすぎない」ことです。食べ物を大切に思う心をもちながら、お子さんと一緒に家庭でも工夫できるといいですね。

からだのふしぎ

こんどは、あなたの体（からだ）を たびして みます。
「どうして むしばに なるの？」「どうして うんちは くさいの？」
体（からだ）の 中（なか）を たんけんして、ふしぎを しらべて いきましょう。

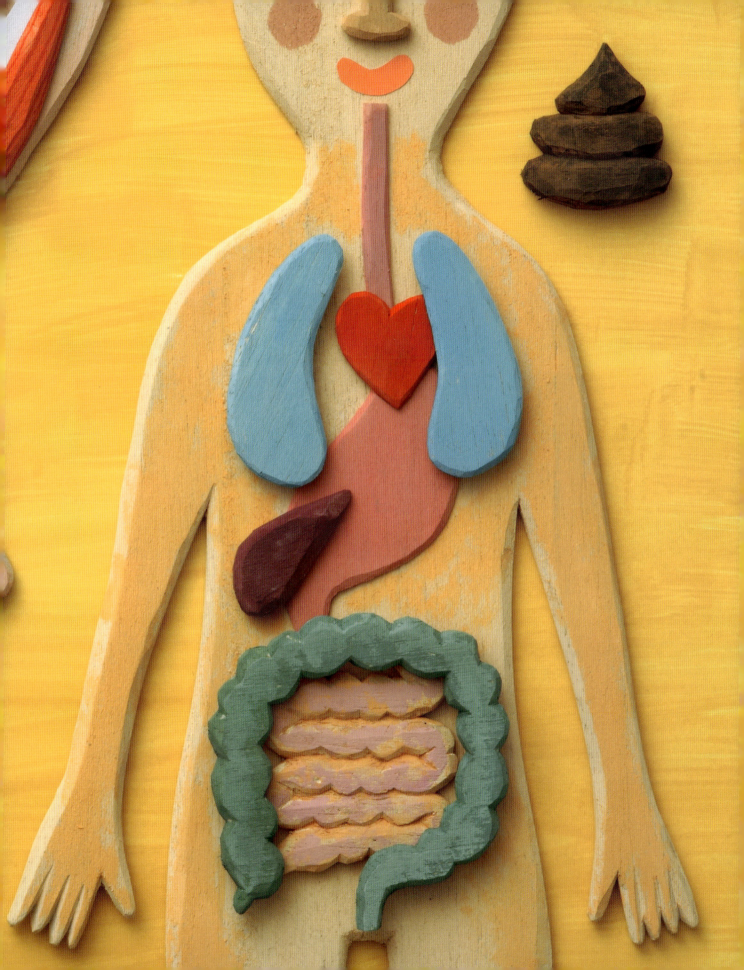

どうして うんちは くさいの?

うんちって、とても くさいですよね。
いい においが する ものを 食べたのに、
出て きた うんちが くさいのは なぜでしょう?

どうして うんちは くさいんだ?

こたえ おなかの 中の 「ちょう」には、「きん」と いう 小さな 生きものが います。
「きん」は、食べものの かすを 食べます。この ときに、くさい ガスが 出ます。
この ガスが うんちと まざって 出て くるので、うんちは くさいのです。

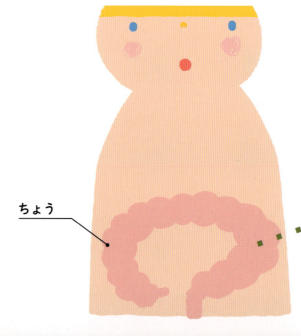

ちょう

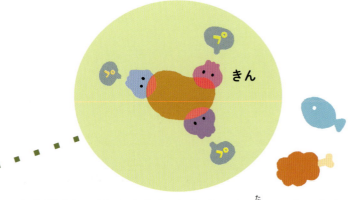

きん

たんぱくしつが たくさん ある ものを 食べると、とくに
うんちが くさく なります。肉、魚、たまごなどです。

うんちが できるまで

食べた ものが、どうやって うんちに なるか、見て みましょう。

口（くち）
はで かんで、食べものを 細かく します。つば（だえき）と いっしょに、のみこみます。

食道（しょくどう）
かみくだいた 食べものを いに おくります。

い
「いえき」と いう 食べものを とかす しるが 出て います。食べものを こねて、細かく どろどろに します。

十二しちょう（じゅうに しちょう）
食べものを とかします。

小ちょう（しょうちょう）
食べものから えいようを とりこみます。えいようが なくなって、どろどろの かすに なります。

大ちょう（だいちょう）
どろどろの かすから、水を とりこみます。ときどき ガスが 出ます。

食べものから、えいようと 水を とった のこりかすが うんちです。

やってみよう

うんちで、けんこうチェック！

うんちで、体（からだ）の ぐあいが わかります。バナナうんちが けんこうな うんち。きみの うんちは、どうでしょう？

- バナナうんち
- ころころうんち
- べちゃべちゃうんち

バナナうんちを する ために…

- すききらいを しない。
- よく かんで 食べる。
- 早ね早おきを する。
- うんどうを する。

おしっこは どうやって できるの?

だれだって、みんな おしっこを します。
のんだ 水分(すいぶん)は、どのように して
おしっこに なるのでしょう?

こたえ のんだ 水分(すいぶん)は、
血(ち)の 中(なか)に 入(はい)って、
体(からだ)じゅうを 回(まわ)ります。
じんぞうに いって
おしっこと なり、
ぼうこうに たまってから、
外(そと)に 出(で)ます。

水分(すいぶん)は、ちょうを 通(とお)る ときに、
血(ち)の 中(なか)に 入(はい)ります。
血(ち)に なった 水分(すいぶん)は、体(からだ)じゅうに
えいようを はこびます。
そして、いらなく なった かすを
あつめて きます。

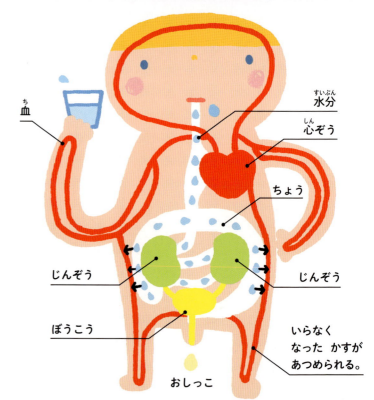

血
水分
心ぞう
ちょう
じんぞう
じんぞう
ぼうこう
いらなく なった かすが あつめられる。
おしっこ

おしっこが できるまで

血に なった 水分が、じんぞうと ぼうこうで、どうなって いくのか、見て みましょう。

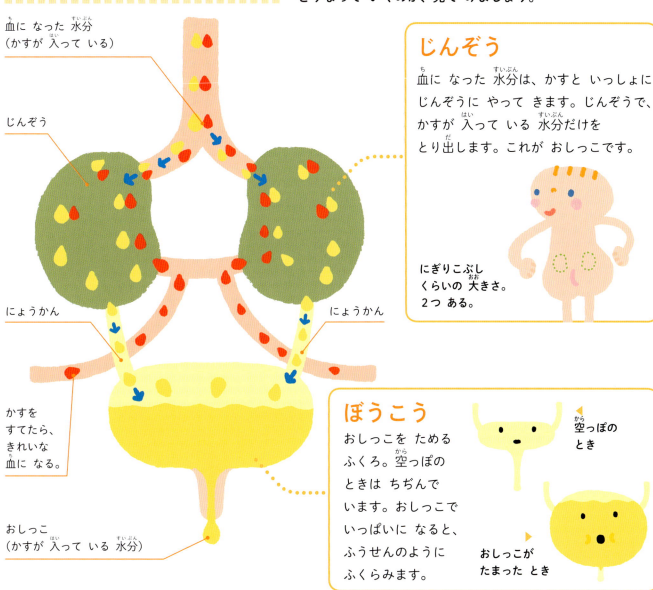

血に なった 水分
（かすが 入って いる）

じんぞう

にょうかん

にょうかん

かすを すてたら、きれいな 血に なる。

おしっこ
（かすが 入って いる 水分）

じんぞう

血に なった 水分は、かすと いっしょに じんぞうに やって きます。じんぞうで、かすが 入って いる 水分だけを とり出します。これが おしっこです。

にぎりこぶし くらいの 大きさ。
2つ ある。

ぼうこう

おしっこを ためる ふくろ。空っぽの ときは ちぢんで います。おしっこで いっぱいに なると、ふうせんのように ふくらみます。

◁ 空っぽの とき

▷ おしっこが たまった とき

しって いるかな

夏と 冬で おしっこくらべ

夏と 冬では、おしっこの りょうが ちがいます。
夏の おしっこは こくて、少ない りょうです。
冬の おしっこは、うすくて、たくさん 出ます。

夏

体の 水分は、あせに なって たくさん 出るので、少なめ。

冬

あせを あまり かかないので、おしっこと して 出る 水分は 多く なります。

はなくそが でるのは なぜ?

はなを ほじると、出て くる、はなくそ。なぜ こんな ものが 出て くるのでしょう?

こたえ はな水や はな毛は、はなに 入ろうと する ほこりや ばいきんなどを つかまえて、体の 中に 入らないように して います。
はなくそは、はな水に ほこりなどが くっついて、かたまった ものなのです。

はな毛は、はな水で べとべとして いるから、たくさん くっつくんだね。

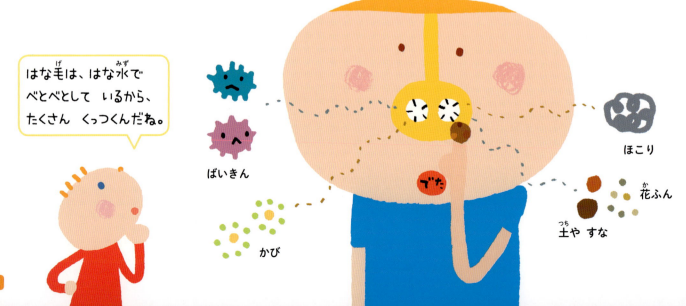

ばいきん　かび　ほこり　花ふん　土や すな

体から 出る ものの ひみつ

体から 出る ものは、ほかにも ありますね。
その 正体は なんでしょう？

目やに

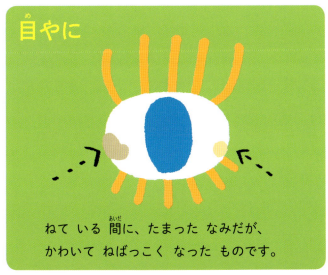

ねて いる 間に、たまった なみだが、
かわいて ねばっこく なった ものです。

あか

あかは、古く なった 体の ひふです。
毎日 少しずつ 体じゅうの ひふが はがれおちます。
その 下には、新しい ひふが できて います。

くしゃみ

はなに 入った ばいきんなどを はじきとばします。
くしゃみの はやさは、新かん線と 同じくらい はやいんですよ。

あくび

のうが つかれると、空気が ひつように なります。
大きく いきを すって、あくびを すると、
たくさんの 空気を とり入れる ことが できます。

げっぷ

ものを 食べた ときに、口から 空気が 入ります。
その 空気が 口から 出るのが、げっぷです。

おなら

ものを 食べた ときに 入った 空気が、おしりから 出るのが、おならです。
ちょうの 中で、「きん」が つくる ガスも、おならに なります。

どうして まつげは あるの?

目の まわりに 生えて いる 毛を、まつ毛と いいます。
何の ために、まつ毛は あるのでしょう?

 まつ毛は、ごみや ほこりや すななどが 目に 入らないように、
目を まもって います。

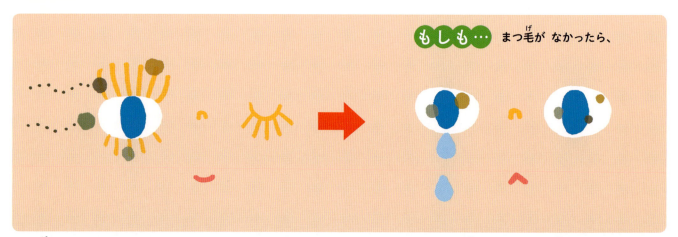

もしも… まつ毛が なかったら、

まつ毛は、とんで きた ごみなどから
目を まもります。ごみは まつ毛に
ひっかかり、目に 入りにくく なります。

ごみなどが 目に たくさん 入って しまい、
目が きずついたり、びょうきに なったり
するでしょう。

毛は 大切な ところを まもって いる

自分の 体を 見て みましょう。いろいろな ところに 毛が ありますね。
毛は それぞれ、体の 大切な ところを まもって いるのです。

かみの毛

頭に、たいようの 光が じかに 当たらないように して います。
さむい とき、頭を あたためる やくめも して います。

もしも…

かみの毛が なかったら、大切な のうが ある 頭が 強い 光や さむさに さらされて しまいます。

まゆ毛

あせが 目に ながれこむのを ふせいで います。

もしも…

まゆ毛が なかったら、ひたいからの あせが 目に 入り、目が いたく なります。

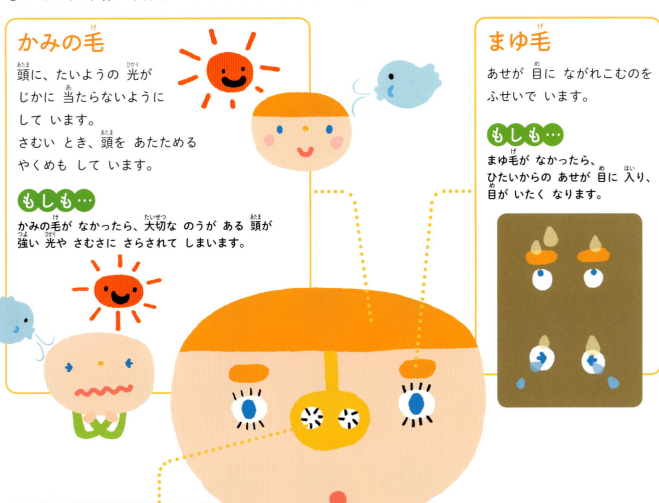

はな毛

外からの ほこりなどが、はなの あなに 入って くるのを ふせいで います。

もしも…

はな毛が なかったら、ほこりや ばいきんなどが 体の 中に 入り、びょうきに なりやすく なって しまいます。

ひげは、自分が 大人の 男の 人だと いう ことを、大人の 女の 人に 知らせる やくめが あるんだよ。

へえ〜!

あついと、あせが でるのは なぜ？

あつい 日や うんどうして あつく なると、
あせが 出ますね。
どうしてでしょう？

こたえ　人の 体おんは、いつも 35〜37どに なって います。
あつく なると、体おんは 上がって しまいます。
体おんを 下げる ために、あせは 出るのです。

❶あつく なると、
体おんが 上がって、
あせが 出ます。

❷あせの 水分が
じょうはつします。

じょうはつする とき、水分は
ねつを うばいます。それで、
体おんは 下がるのです。

もしも、あせが 出なかったら…

体から ねつを うばう ことが できないので、
体おんが どんどん 上がります。
すると、きんにくや 血が かたまって しまって、たいへんです。

あせは どこから 出るのかな

ひふの ひょうめんには、
小さな あなが
たくさん あります。
あせは、あなの 下に
ある「かんせん」と
いう ところから
出て います。
毛が 生えて いる
あなからも 出ます。

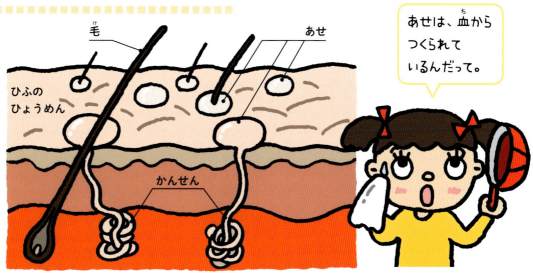

あせは、血から つくられて いるんだって。

やってみよう

あせを かいたら する こと

あせを かいた ままに しては いけません。
2つの ことを まもりましょう。

●水分を とろう

あせの ほとんどは、水分です。出た 分の 水を
のむように しましょう。むぎ茶などを のむと、
あせと いっしょに 出た ミネラルも とれます。

●あせを ふこう

あせで ぬれた ままだと、体が ひえて しまいます。
かぜを ひきやすく なるので、あせは ふきましょう。
きがえるのも よいですね。

😊 おうちの方へ

汗の成分は、99％が水。残りは、食塩、たんぱく質、乳酸などです。汗をかくと、本人の気づかないうちに脱水症状になることがあるので、水分補給は怠らないようにしましょう。麦茶や吸収のはやいアイソトニック飲料がおすすめです。

かぜを ひくと、なぜ ねつが でるの？

かぜを ひくと、ねつが 出る ことが あります。体が あつく なって、つらいですね。なぜ ねつは 出るのでしょう？

こたえ かぜの もとは ウイルスや ばいきんです。体が ウイルスや ばいきんと たたかいやすく する ために、のうが 体おんを 上げて いるのです。

どうやって たたかって いるのか、見て みましょう。

❶ 体に 入った ウイルスや ばいきんは、体の 中で ふえて あばれます。すると、体の ちょうしが わるく なります。これが かぜです。

体おんよ、上がれ！

❷体の 中の「白血球」が、ウイルスたちと たたかいます。白血球は、おんどが 高いと かつやくします。だから、のうは、ねつを 出すように 体に めいれいします。

❸ねつが 出て いる 間、体の 中では、白血球が ウイルスや ばいきんを ぱくぱく 食べて、やっつけて いるのです。

かぜを ひいた ときの ひみつ

はな水や せきや くしゃみが 出ると、ウイルスを おい出す ことが できます。

はな水が 出ると…

はなの 中には、ウイルスや ばいきんが たくさん います。はな水で これらを あらいながす ことが できます。

せきや くしゃみが 出ると…

のどの おくには、ウイルスや ばいきんが たくさん。せきや くしゃみを する ことで、ウイルスを 外へ 出す ことが できます。

やってみよう

かぜを ひかない ために…

ウイルスが 体に 入らないように 気を つけて、元気な 体を つくりましょう。

●うがいを する　●手を あらう　●すききらいを しない　●体を きれいに　●早ね早おき

のどに ついた ウイルスを おい出します。　手首まで あらい、ウイルスを おとします。　強い 体に なります。　おふろで 体を あたため、せいけつ にします。　きそく正しい 生活が、元気な 体を つくります。

どうして むしばに なるの?

むしばに なった ことは ありますか？
ひどく なると、ずきずき いたく なります。
ほっぺが はれる ことも あります。
なぜ むしばに なるのでしょう？

こたえ 口の 中には、「むしばきん」が すんで います。
食べものの かすが はに ついて いると、むしばきんが かすを 食べて、
はを とかします。これが むしばです。

❶ むしばきんは、かすを 食べた あと、
うんちを します。
うんちには、「さん」が 入って います。

❷ さんは、はを とかします。
さんで とけた はが むしばです。
とけた はは、もとには もどりません。

むしばの すすみ方

むしばは、ほうって おくと、どんどん ひどく なります。
むしばに 気づいたら すぐに、はいしゃさんに 行きましょう。

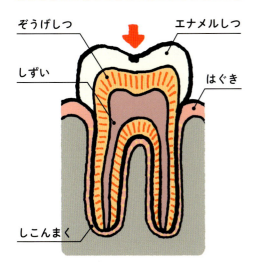

❶ さんが「エナメルしつ」と いう はの かたい ところを とかして、あなを あけます。

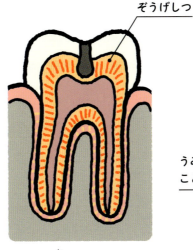

❷ あなに 食べかすが たまり、むしばが すすみます。「ぞうげしつ」が とけると、つめたい ものが しみます。

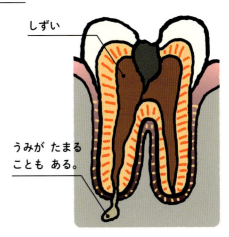

❸ あなが どんどん ふかく 大きく なります。「しずい」が だめに なると、とても いたく なります。

はの 生えかわり

子どもの はは、上と 下に 10本ずつ あります。
大人に なると、28〜32本に なります。
6さいころから 生えかわります。

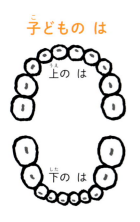

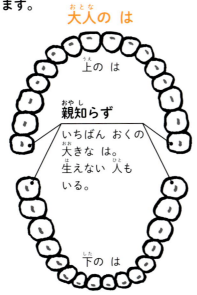

親知らず
いちばん おくの 大きな は。生えない 人も いる。

やってみよう

むしばに ならない ために…

むしばは、よぼうが いちばんです。

● 食べたら、はみがき ねる 前も、はみがき

かすが のこらない ように します。

● すききらいを しない

強い はを つくります。

😊 おうちの方へ

6歳くらいから、奥に永久歯が生えてきます。これを6歳臼歯とよびます。かげにあるため歯みがきしにくく、虫歯になりやすい歯です。生えかわることはありませんので、とくに虫歯予防が大事です。さらにその奥の歯は小学校高学年くらいで生えます。最も奥の歯は、親の気づかない20歳くらいで生えることが多いため、「親知らず」とよばれます。現代では、生えない人も増えているようです。

なぜ かさぶたが できるの?

けがを して しばらく すると、茶色っぽくて かたい ものが できます。これを かさぶたと いいます。どうして できるのでしょう?

 けがを すると、血が 出ます。血の 中の「血小板」の はたらきで、血が かたまって きずぐちを ふさぎます。この かたまった ものが かさぶたに なるのです。

血の 中には、「赤血球」、「白血球」、「血小板」が あります。
赤血球は、丸くて 赤い つぶで、血の 中に たくさん あります。
白血球は、びょうきの もとの ウイルスなどを 食べます。
血小板は、血を かためる やくめを します。

けがを してから なおるまで

かさぶたが はがれた ときに、けがは なおったと いえます。

❶けがを すると、ひふが きずつき、血かんが やぶれて 血が 出ます。

❷血小板が きずぐちに たくさん あつまって、血を かためます。

❸血が かたまった ものが かたく なり、かさぶたに なります。

❹かさぶたの 下の ひふが 新しく なると、かさぶたは はがれます。

こぶは なぜ できる？

ほねが ある ところに ものが ぶつかると、こぶが できます。ひふの 下の 血かんが やぶれて 血が 出て、もり上がるからです。

やってみよう

けがを 早く なおす ためには…

かさぶたの 下には、まだ なおって ない ひふが あります。かさぶたを むりに はがさないように しましょう。

だって かゆいんだ もん！

まだ！　ペリ

ほねは なぜ あるの?

手首、ひじ、ひざ、頭…。さわると、かたい ところが ありますね。
これは ほねです。
何の ために あるのでしょう?

かたい ものが ほね なのね。

 こたえ

ほねは、かるくて、かたくて、とても じょうぶです。
ほねには、「体を ささえる」、「体の なかみを まもる」、「体を うごかす」、と いう 3つの やくめが あります。その ために、ほねは あるのです。

●体を ささえる

体の まん中には、「せぼね」と いう かたい ほねが 通って いて、体を ささえて います。

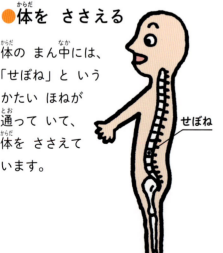

せぼね

●体の なかみを まもる

のうは とても だいじな ところです。「頭がいこつ」は、のうを しっかりと まもって います。

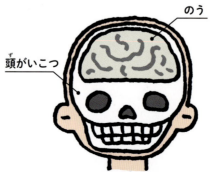

のう
頭がいこつ

●体を うごかす

うでや あしの ほねは、きん肉と つながって います。きん肉と ほねが いっしょに なって、体を うごかします。

※ほねが のびる ことで、体が 大きく なります。

いろいろな ほね

人の 体は、およそ 200こ の ほねで できて います。
ほねの 形や 大きさは さまざまで、いろいろな やくめを して います。

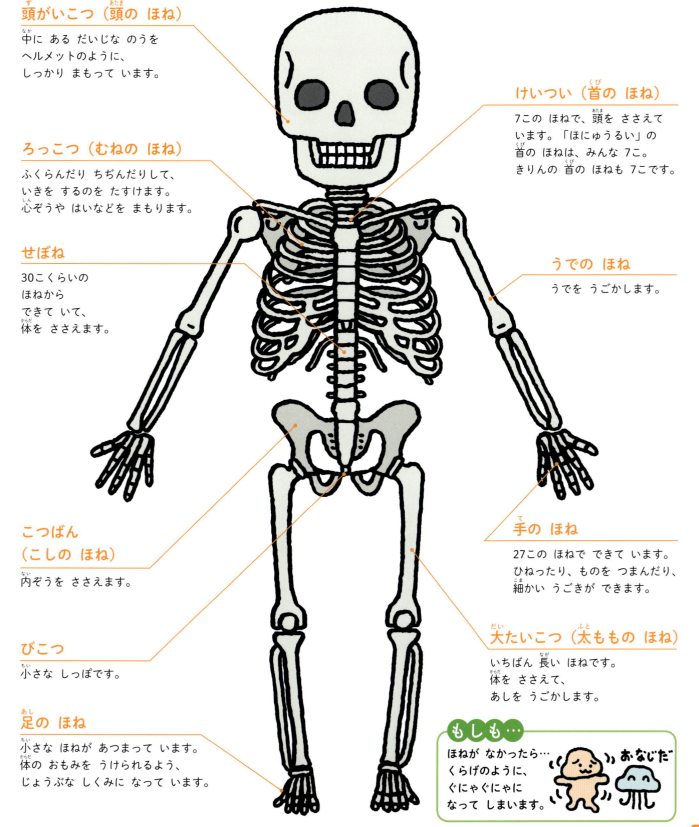

頭がいこつ（頭の ほね）
中に ある だいじな のうを ヘルメットのように、しっかり まもって います。

ろっこつ（むねの ほね）
ふくらんだり ちぢんだりして、いきを するのを たすけます。心ぞうや はいなどを まもります。

せぼね
30こくらいの ほねから できて いて、体を ささえます。

こつばん（こしの ほね）
内ぞうを ささえます。

びこつ
小さな しっぽです。

足の ほね
小さな ほねが あつまって います。体の おもみを うけられるよう、じょうぶな しくみに なって います。

けいつい（首の ほね）
7この ほねで、頭を ささえて います。「ほにゅうるい」の 首の ほねは、みんな 7こ。きりんの 首の ほねも 7こです。

うでの ほね
うでを うごかします。

手の ほね
27この ほねで できて います。ひねったり、ものを つまんだり、細かい うごきが できます。

大たいこつ（太ももの ほね）
いちばん 長い ほねです。体を ささえて、あしを うごかします。

もしも…
ほねが なかったら… くらげのように、ぐにゃぐにゃに なって しまいます。 おなじだ

どうして おへそは あるの？

おなかの まん中に ある おへそ。
何の やくにも 立って いないようだけど、
どうして あるのでしょう？

こたえ

赤ちゃんは、お母さんの おなかの 中に
いる とき、「へそのお」と いう
長い くだで、お母さんの 「たいばん」と
つながって いました。
生まれると、へそのおは とれて、
その あとが おへそに なるのです。

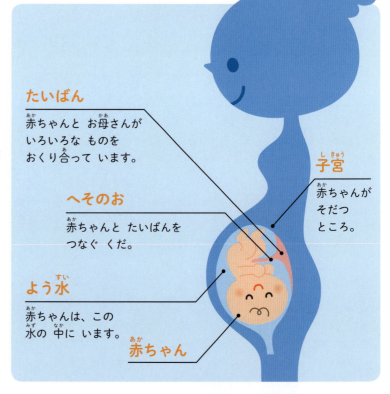

たいばん
赤ちゃんと お母さんが
いろいろな ものを
おくり合って います。

へそのお
赤ちゃんと たいばんを
つなぐ くだ。

よう水
赤ちゃんは、この
水の 中に います。

子宮
赤ちゃんが
そだつ
ところ。

赤ちゃん

赤ちゃんと お母さんは、へそのおで つながって いる

おなかの 中の 赤ちゃんは、いきを する ための「さんそ」や えいようを、お母さんから もらいます。それらは、へそのおを 通って、お母さんの 体から 赤ちゃんの 体に はこばれます。
かすや、いきを した あとに 出した「にさんかたんそ」など、赤ちゃんが いらなく なった ものは、へそのおを 通って、お母さんの 体に はこばれます。
こうして、赤ちゃんは おなかの 中で そだつのです。

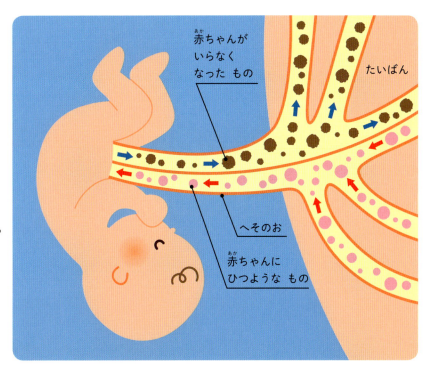

しって いるかな
おへそが ある どうぶつは？

お母さんから 生まれる どうぶつには、おへそが あります。たまごから 生まれる どうぶつには、おへそが ありません。

●おへそが ある どうぶつ

ねこ　犬　きりん　ライオン　うさぎ　かば　ぞう

●おへそが ない どうぶつ

とかげ　かえる　へび　にわとり　わに

あかちゃんはどこからくるの？

赤ちゃんは、お父さんと お母さんが いて、生まれて きます。
お父さんの 体の 中に ある「せいし」と、お母さんの 体の 中に ある「卵」が いっしょに なって、いのちが つくられるのです。

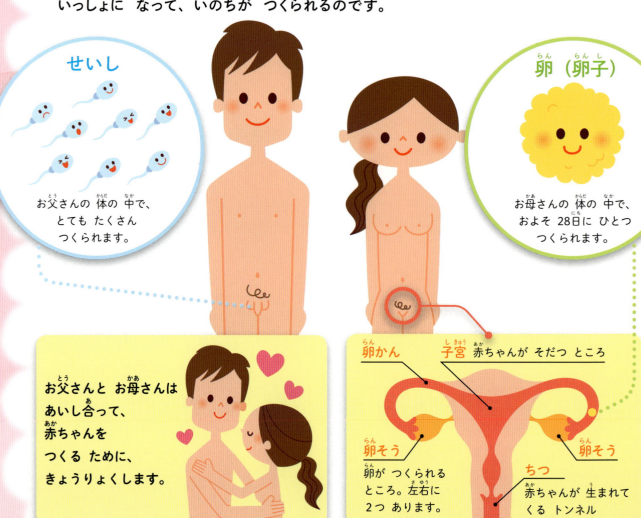

せいし
お父さんの 体の 中で、とても たくさん つくられます。

卵（卵子）
お母さんの 体の 中で、およそ 28日に ひとつ つくられます。

お父さんと お母さんは あいし合って、赤ちゃんを つくる ために、きょうりょくします。

卵かん
子宮 赤ちゃんが そだつ ところ
卵そう 卵が つくられる ところ。左右に 2つ あります。
ちつ 赤ちゃんが 生まれて くる トンネル

いのちの はじまり

赤ちゃんが 生まれて くるまでの
お母さんの 体の 中を 見て みましょう。

1 お父さんの「せいし」が お母さんの 体の 中に 入ると、「卵」の ところまで きょうそうしながら すすみます。

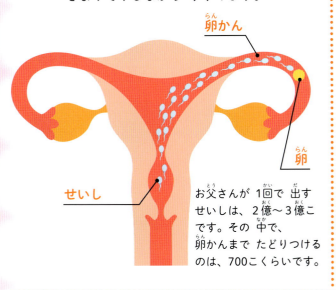

お父さんが 1回で 出す せいしは、2億〜3億こ です。その 中で、卵かんまで たどりつける のは、700こくらいです。

2 とても たくさんの せいしが すすんで きますが、たった 1この せいしだけが 卵と いっしょに なります。

せいしと いっしょに なった 卵を「じゅせい卵」と いいます。

3 「じゅせい卵」は 子宮に おりて きて、子宮の かべに くっつきます。
じゅせい卵は、どんどん そだちます。

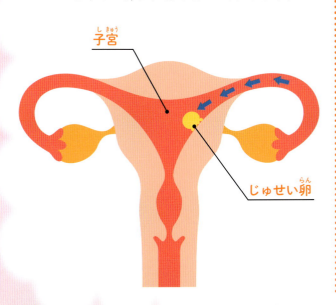

4 やがて じゅせい卵は 赤ちゃんと なり、子宮の 中で すくすくと 大きく なります。

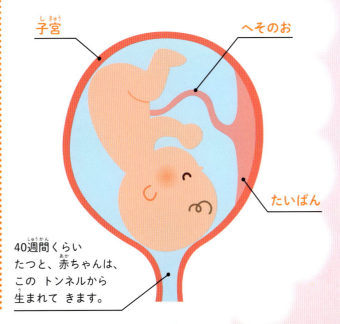

40週間くらい たつと、赤ちゃんは、この トンネルから 生まれて きます。

しぜんの ふしぎ

ふしぎの たびは、まだまだ つづきます。
「台風が おきるのは なぜ？」「月は なぜ 形が かわるの？」
しぜんの 中へ とび出して、ふしぎを たずねて いきましょう。

くもは なにで できて いるの?

空に ふわふわ ういて いる くも。
いろいろ おもしろい 形を して いますね。
何で できて いるのでしょう?

くもは、水の 小さな つぶで できて います。ゆげのような かんじです。
とても かるいので、空に ういて いて、風で うごきます。

高い ところの くもは、
こおりの 小さな つぶで
できて います。

こおりの つぶ
水の つぶ

いろいろな くも

くもには いろいろな しゅるいが あって、名前が ついて います。

うろこぐも [いわしぐも]
小さな かたまりが あつまって、魚の うろこのようです。

すじぐも
す〜っと のびた、すじの くも。高い 空に 見えます。

うすぐも
高い 空に 見える、うすい くも。

ひつじぐも [まだらぐも]
かたまりが あつまって、もこもこした ひつじのように 見える くも。

にゅうどうぐも [かみなりぐも]
高い 空に もくもくと 広がる くも。強い 雨を ふらせたり、かみなりを おとしたり します。

あまぐも
雨を ふらせる、黒っぽい くも。

わたぐも
わたのように ふわふわした くも。ひくい 空に 見えます。

くもりぐも [うねぐも]
くもりの ときに、ひくい 空に 広がります。

きりぐも
きりのように うすい くも。ひくい 空に 見えます。

やってみよう

くもの ようすで、天気よほうが できるよ

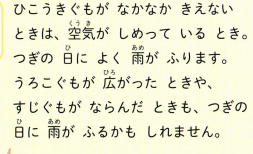

「くもで、天気が わかるよ。」

ひこうきぐもが なかなか きえない ときは、空気が しめって いる とき。つぎの 日に よく 雨が ふります。うろこぐもが 広がった ときや、すじぐもが ならんだ ときも、つぎの 日に 雨が ふるかも しれません。

あめは どうして ふるの?

ポツポツ、シトシト、ザーザー。雨が ふるのは なぜでしょう?
雨が ふって いる ときの 空には、黒っぽい くもが 広がって います。

 こたえ
くもは、水や こおりの 小さな つぶで できて います。
くもの 中で、つぶと つぶが くっついて、大きく なります。
すると、くもは おもく なり、水の つぶは 雨と なって、おちて くるのです。

水の つぶ

水は ぐるぐる まわって いる

雨と なって おちて きた 水が どうなるのか 見て みましょう。

水の つぶが どんどん あつまって、くもが おもく なります。

水の つぶが 雨と なって、くもから ふって きます。

空高く 上って ひやされ、くもに なります。

水は、たいようで あたためられて、じめんや 海から じょうはつします。

雨水は、川や 海に ながれたり、じめんに しみこんだり します。

雨つぶは いろいろ

雨つぶの 形や 大きさは、雨の ふり方で ちがいます。

●ふつうの 雨	●どしゃぶりの 雨	●とても 強い 雨
丸い 形。1ミリくらいの 大きさ。	丸い 形。3〜4ミリの 大きさ。	まんじゅうの 形。5ミリくらいの 大きさ。

😊 **おうちの方へ**
雨粒は大きくなればなるほど、降るときに下から空気の力を強く受けるので、横長のおまんじゅうの形になります。

やってみよう

雪の けっしょうを 見て みよう

雪の けっしょうは 六角形！

まわりの 空気が つめたいと、雨は 雪に かわります。雪を 虫めがねで 見て みましょう。

かみなりは どうして おきるの?

ぴかっと 光ったと 思ったら、ゴロゴロ 鳴って、ドーン!と おちる 音。
かみなりって こわいですね。どうして おきるのでしょう?

こたえ 大きな にゅうどうぐも(かみなりぐも)の 中では、こおりの つぶが ぶつかって
います。ぶつかる ときに、電気が おきて、くもの 中に たまって いきます。
この 電気が かみなりなのです。

こおりの つぶ

くもの 中で、電気を もう ためられなく
なったら、かみなりは おちます。

光の あとに、音が 鳴る

かみなりは、光った あとに 音が 聞こえて きます。それは、光の すすむ はやさが、音の すすむ はやさより、ずっと はやいからです。

光は、1秒間に **30万キロメートル** も すすむ。

音は、1秒間に およそ **340メートル** すすむ。

しって いるかな

「せい電気」は 小さな かみなり

冬、セーターを ぬぐ ときに パチパチしたり、ドアノブを さわった ときに パチッと したり しますね。これも、「せい電気」と いう 電気です。小さな かみなりとも いえます。

火花が 見える ことも あるよ

くらい ところでは、パチパチした とき、火花が 見える ことが あります。

かみなりの いなずまみたいですね。

たいふうが おきるのは なぜ？

台風は、夏から 秋に かけて、やって きます。
はげしく 雨が ふったり、強い 風が ふいたりして、
たいへんですね。どうして おきるのでしょうか？

 たいようの ねつで 海が あたためられると、あつく なった 空気が
上に のぼります。そして、くもと なって、まわりの 空気を あつめながら
うずを まいて、どんどん 大きく なります。これが 台風です。

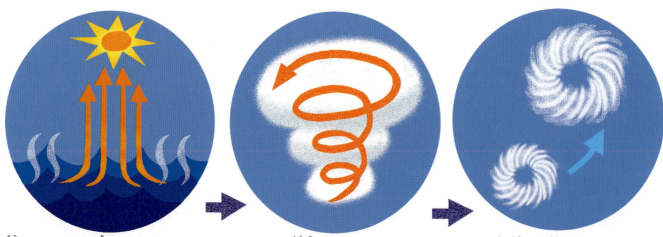

海の おんどが 上がって、あつく なった 空気が 上に のぼります。

まわりの 空気を あつめながら、うずを まいて、大きく なります。

台風は、回りながら、すすんで いきます。

台風を 上から 見て みると…

台風は、大きな くもの うずまきです。くもの 中では、はげしい 風が うずを まいて います。

台風を うちゅうの「気象衛星」から とった しゃしんだよ。

台風の まん中は、「台風の 目」と いって、空気の うごきは しずかです。その 下は、晴れて います。

やってみよう

おふろの 上で、台風 ぐるぐる

⚠ ちゅうい
おうちの人と いっしょに ためしましょう。

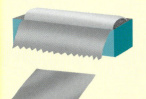
❶ アルミホイルを 12〜13cm四方に 切ります。

❷ 油性ペンで うずまきを かきます。線に そって 切りましょう。

❸ うずまきの まん中に、セロハンテープで 糸を つけます。

❹ ふたを しめた おふろに もって いき、ふたを あけます。おゆから 15cm はなして つるしましょう。うずまきが ゆっくり 回ります。
※回りにくい ときは、おいだきしましょう。

😊 おうちの方へ … 回らないときは、熱いお湯を入れたボウルの上につるしましょう。やけどをしないよう、お湯の扱いにご注意ください。

にじは どうして できるの？

雨あがりの 空に、とても きれいな にじが 出る ことが あります。
どうして できるのか、ふしぎですね。

こたえ

雨が あがった あとの 空気には、水の つぶが たくさん のこって います。
この 水の つぶに、たいようの 光が 当たって、はねかえります。
はねかえった 光は、いろいろな 色に 分かれます。これが にじです。

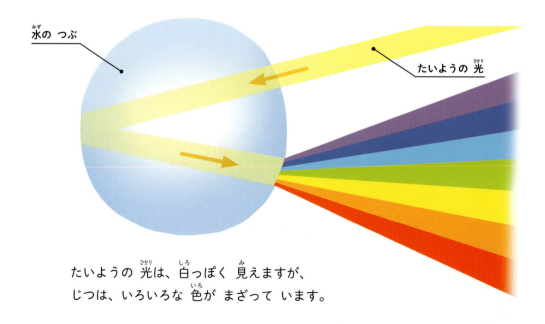

たいようの 光は、白っぽく 見えますが、
じつは、いろいろな 色が まざって います。

にじを 見る ために

にじが 見えるのは、雨が あがった あと、たいようが ま上では なくて、かたむいて いる ときです。たいようを せなかに して、たいようの はんたいがわに、にじは 見えます。

雨あがりでは なくても、たいようを せなかに した ふん水にも、見えます。

やってみよう

ペットボトルで、にじを 作ろう

たいようを せなかに して、きりふきや ホースから 水を 出して みましょう。

❶ たんさんジュースの 丸い ペットボトルに、水を 入れます。

白い ところが 見やすいよ。

見やすいように かたむけて みよう。

❷ たいようの 光が 当たる ところに 立てて みましょう。たいようの はんたいがわに にじが 見えます。

⚠ ちゅうい ためした あとは、かならず ペットボトルから 水を すべて 出してね。

😊 おうちの方へ
ペットボトルに水を入れて太陽の光を長時間当てると、レンズ効果で発火することがあります。虹を作ったあとは、水をすべて出しましょう。

そらは どうして あおいの?

晴れて いる 空は、
さわやかな 青い 色ですね。
どうして 青い 色なのか、
知って いますか?

 こたえ

たいようの 光は、いろいろな 色が まざって います。その 中で、青い 色は、ちらばりやすい 色です。たいようの 光が わたしたちの ところに とどくまでに、青い 色が 空気の 中で ちらばる ため、空は 青く 見えるのです。

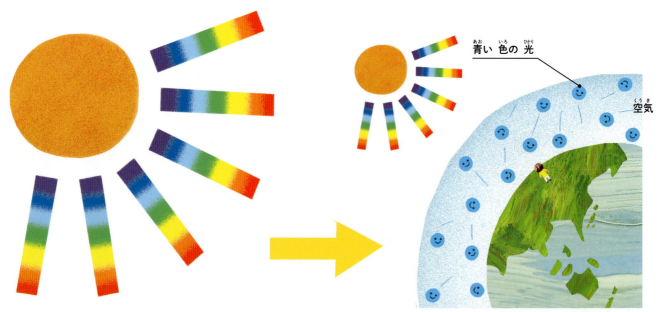

夕やけは どうして 赤いの？

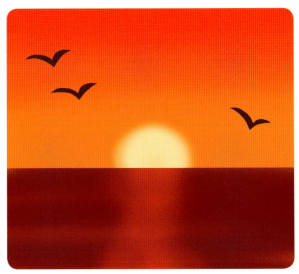

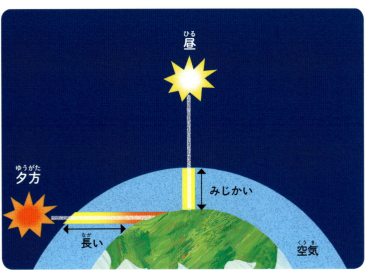

夕方、たいようが ひくい ところに あると、
光が 空気の 中を 通る きょりが 昼より 長く なります。
その 間に、青い 色が 先に ちらばって、赤い 光が のこります。
わたしたちの ところには 赤い 光だけが とどくので、
空が 赤く 見えるのです。

やってみよう

ペットボトルで、夕やけを 作ろう

❶ 500ミリリットルの ペットボトルに、水を 上まで 入れます。

❷ ふたの でっぱりの 中に、ぎゅうにゅうを 入れます。ペットボトルに 入れて、水ぜんたいが 白っぽく なるように、ふります。

❸ ペットボトルの 下から かいちゅうでんとうの 光を 当てましょう。先の ほうが 赤っぽく 見えます。

かいちゅうでんとう（豆球）

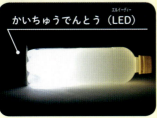

かいちゅうでんとう（LED）

※LEDより、豆球の かいちゅうでんとうの ほうが、もとの 光が 赤っぽいので、とても 赤く 見えます。

うみは どうやって できたの?

広くて、ふかくて、しょっぱい 海。
いつ、どうやって、できたのでしょう?

こたえ 大むかし、何万年も 雨が ふりつづきました。
ふった 雨は じょうはつして、また 雨が ふりました。
じめんに たまった 雨が 少しずつ ふかく なり、海に なったのです。

とても 長い 間、ふりつづいたんだね。

雨が 長い 間 ふりつづいたのは なぜ？

どうして 雨が 何万年も ふりつづいたのか、大むかしの ちきゅうを 見て みましょう。

❶ちきゅうは、46億年くらい前に できました。たくさんの 小さな 星が ぶつかって きて、ちきゅうは 火の玉のようでした。

❷じめんは、あつくて どろどろでした。火山が ばくはつし、ちきゅうの 中から たくさんの 水じょう気が 出ました。

❸水じょう気で ぶあつい くもが できました。この くもから、雨が 何万年もの 長い 間、ふりつづいたのです。この 雨で、ちきゅうは 少しずつ ひえて いきました。

海の 水が しょっぱいのは？

ちきゅうが できて すぐの ころ、岩には たくさんの しおの もとが 入って いました。雨が ふり、しおの もとが とけ出して きたので、しょっぱいのです。

やってみよう

海水から しおを とり出して みよう

海水を 紙ざらなどに 入れ、そのまま おいて、かわかしましょう。海水が じょうはつして、しおが 出て きます。おうちの人に なべなどで につめて もらうと、すぐに 出て きます。

じしんは どうして おきるの?

とつぜん ぐらっと ゆれる じしん。
とても こわいですね。
なぜ おきるのでしょう?

 ふつうに 生活して いると 気づきませんが、じめんは いつも 少しずつ うごいて います。長い 年月を かけて、山が できたり、しまが できたりして いるのです。じめんが きゅうに 大きく うごくのが、じしんです。

じめんが もり上がって、山が できます。

じめんが はなれて、しまが できます。

じしんの おこり方

どうやって じめんが うごくのか、くわしく 見て みましょう。

❶ じめんは、ふかい ところで、パズルの ピースのように 分かれて います。この ピースを「プレート」と いいます。

わたしたちは、プレートの 上に います。

❷ プレートどうしが おし合うと、1まいの プレートが、もう 1まいの プレートの 下に もぐりこみます。

❸ 2まいの プレートが こすれ合います。

❹ 上の プレートが はね上がると、じしんが おきます。

やってみよう

こんにゃくを つかって、じしんじっけん

⚠ちゅうい
かならず おうちの 人と いっしょに ためしましょう。

❶ こんにゃくを ななめに 切り、とうふの パックに 入れます。こんにゃくが プレートです。

❷ 少し すきまが あくように、こんにゃくを 切って、入れます。かたほうに、ようじを 立てます。

※じしんは、この ゆれの ような ものです。

❸ ようじの ない ほうを、はしなどで おしましょう。すると、ようじが 小きざみに ゆれます。

つきは なぜ かたちが かわるの?

まん丸に なったり、半分に なったり、細く なったり。月が いろいろな 形に なるのは なぜでしょう?

いろいろな 形の 月が たくさん あるのかな。

 月の 形は まん丸。たいようの 光が 当たって いる ところが、ちきゅうから 明るく 見えて います。たいようの 光の 当たり方が かわって、月の 光る ばしょが かわるので、いろいろな 形に かわって 見えるのです。

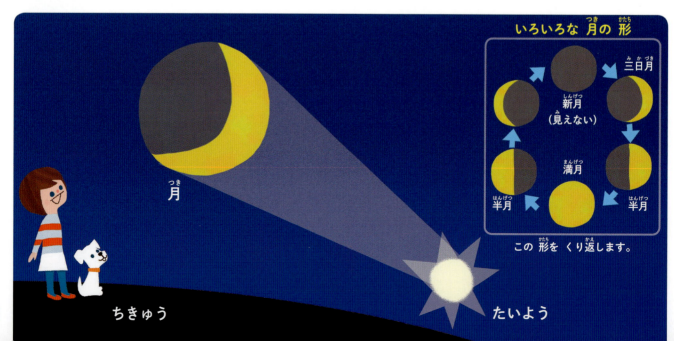

月の こと、もっと 教えます

月って、どんな 星なのか、見て みましょう。

ちきゅうに いちばん 近い 星です。
ちきゅうからの きょりは、38万4400キロメートル。
歩いて 行くと、11年 かかります。

ちきゅうの まわりを、27日と 8時間 かけて、回って います。
ちきゅうに、いつも 同じ ほうを 見せて います。

月の おもてがわには、「クレーター」と よばれる でこぼこした ところと、「海」と よばれる たいらな ところが あります。
月の 黒っぽく 見える もようは、「海」です。

月には、空気も 水も ありません。

月の うらの しゃしん

月の うらがわは、ちきゅうからは 見えません。でこぼこした 「クレーター」だらけです。

こんばんは！

やってみよう

月の もようは 何に 見える?

むかし、日本では、もちを つく うさぎに 見られて いました。外国でも、いろいろな ものに 見えて いました。
あなたは、何に 見えますか？

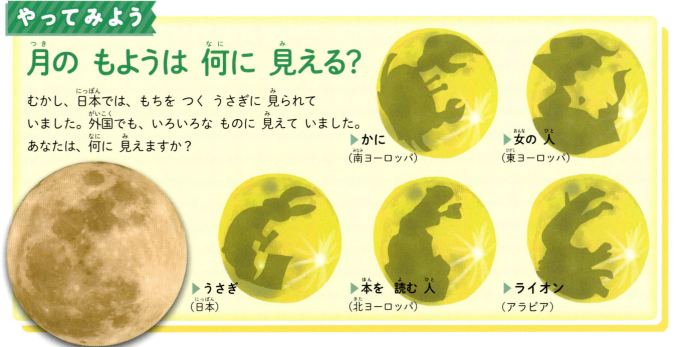

▶かに（南ヨーロッパ）
▶女の人（東ヨーロッパ）
▶うさぎ（日本）
▶本を 読む 人（北ヨーロッパ）
▶ライオン（アラビア）

たいようは なぜ まぶしいの？

昼、明るいのは、たいようの おかげです。たいようは、どうして あんなに まぶしく 光って いるのでしょう？

こたえ

たいようは、ちきゅうのような 岩の かたまりでは ありません。とても あつくて、光って いる ガスの 玉なのです。
たいようの まん中では 大きな エネルギーが 作られて います。その エネルギーが たいようの ひょうめんに つたわって、たいようからの 光と ねつが ちきゅうに とどくのです。

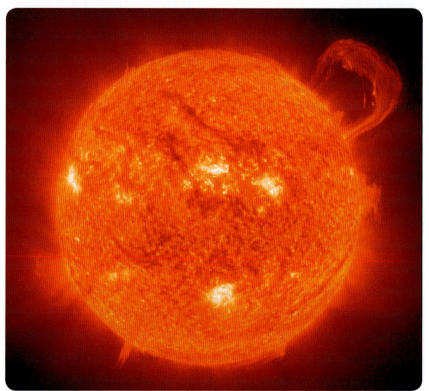

たいようの こと、もっと 教えます

たいように ついて、いろいろ しょうかいしましょう。

こんにちは！

ものすごく あつい 星です。
ひょうめんの おんどは、5500ど。
まん中は、1500万ども あります。

たいようが できて、
46億年に なります。

とても 大きくて、ちきゅう
100万こ分くらいの 大きさです。
ちきゅうが パチンコ玉だと すると、
たいようは 大玉ころがしの
大玉くらいの 大きさです。

▲ ちきゅう 108こ

たいようの はばに、ちきゅうが 108こくらい ならびます。

ほんの少しずつ 大きく なりつづけて います。

やってみよう

かがみで たいようの 光を あつめよう

⚠️ちゅうい
かならず おうちの人と
いっしょに ためしましょう。

● かがみの 形に 明るく なります。

たいようの 光を かがみに 当てて、
かべなどに その 光を 当てましょう。

● 光が かさなった ところは、
明るく なります。

2まいの 明るさ
1まいの 明るさ

何まいかの かがみで
ためして みましょう。

● 光が かさなった
ところは、あたたかく
なります。

2〜3まいの かがみで チョコレートに
光を 当てると、とけます。

⚠️ちゅうい 目を いためる ことが あるので、かがみに 当てた 光を ちょくせつ 見ては いけません。人に むかって、光を 当てても いけません。

うちゅうじんは ほんとうに いるの?

ちきゅうは、
たいようの まわりを 回って います。
たいようから ちょうど よく はなれて いるので、
わたしたちは、あつすぎず、さむすぎず、すごせて います。
たいようのように、自分で 光と ねつを 出して いる
星は、うちゅうに 数えきれないほど たくさん あります。
人間のように、かしこい 生きもの(うちゅうじん)は、
まだ 見つかって いませんが、うちゅうじんが
いる 星は、きっと どこかに あるだろうと
考えられて います。

生きものが すめるのは こんな 星

● ねつを 出して いない
たいようのような、光と ねつを 出して いる 星には すめません。

● 水が ある
たいようから ちょうど よく はなれて いると、水が あって、生きものが すめます。

● 空気が ある
空気のような ガスも ひつようです。それには、ちきゅうくらいの おもさが ないと いけません。かるい 星だと、ガスを 引力で 引きつけて おく ことが できないのです。

たいように 近いと、水が じょうはつ する。

ほどよい きょりだと、水が ある。

たいようから 遠いと、水が こおる。

空気は 大切！

かるいから、空気が ない。

うちゅうじんへの 手紙

今、たんさきの、パイオニアと ボイジャーは、うちゅうじんへの 手紙を のせて、うちゅうを たびして います。手紙には、ちきゅうや 人間の ことが かかれて います。いつか、うちゅうじんが それを 見つける ことが あるかも しれません。

ボイジャー1号と 2号に つんだ CD。音や ことばが ろく音されて いる。

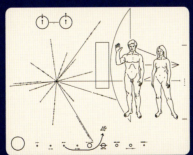
パイオニア10号と 11号に つんだ アルミの 板。ちきゅうじんが かかれて いる。

ウチュウジンハ ホントウニ イルノ？

うちゅうは とても 広いので、これから うちゅうじんに 会える 日が くるかも しれませんね。

いきものの ふしぎ

いのちある 生きものの、ふしぎの たびに 出かけましょう。
「ライオンの たてがみは 何の ために あるの？」「だんごむしは 何を 食べるの？」
小さな 虫も、大きな どうぶつも、草花も、みんな あなたの なかまです。

ねこは どうして あしおとを たてないで あるけるの？

ねこは 歩く ときに ほとんど 足音を たてません。
足の うらに ひみつが あるのでしょうか？

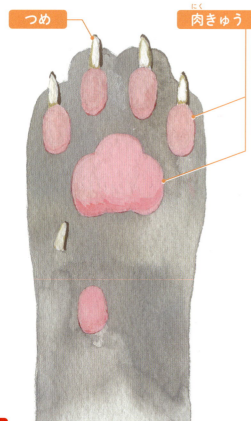

こたえ

ねこの 足の うらには「肉きゅう」と いう やわらかい ところが あります。
また、つめを しまう ことが できます。
つめを しまうと、つめが じめんに ぶつからないので 音が しないのです。

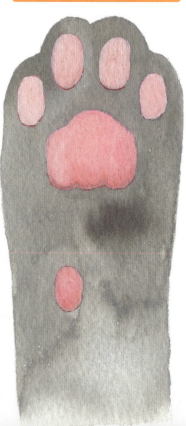

ねこの 体の ひみつ

ねこの 体には、ほかにも いろいろな ひみつが あります。

ひげ
ねこの ひげは ものに ふれると、それが 生きものか どうかなどを 知る ことが できます。

目
ほんの 少しでも 光が あれば、ものを 見る ことが できます。

◀ うすぐらい ところでは 目の まん中が 大きく なります。

しっぽ
しっぽで バランスを とりながら、高くて 細い ところでも 歩けます。

おちても へいき
高い ところから おちても、すばやく 体を ひねって 足から おりる ことが できます。

すごい ジャンプ力
自分の 体の 5ばいも 高く ジャンプする ことが できます。

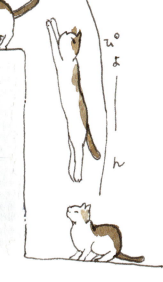

どうして くまは ふゆに なると ながく ねむるの?

日本の さむい ちほうに
すんで いる くまは、
冬に なると あなの 中で
春に なるまで ねむります。
これを「冬ごもり」と いいます。

うとうと

こたえ
それは、食べものが ない 冬を のりきる ためです。
秋の おわりごろに なると、さむく なって
くまの 食べものに なる 木のみなどが きゅうに 少なく なります。
すると、くまの のうに ある スイッチが 入り、あなを さがします。

食べものが
なく なって きたなあ。
そろそろ ねるか…。

食べものが ない 冬を
のりきる しくみが
くまの 体には
あるのです。

くまの 冬ごもりの ひみつ

くまは どのように 冬ごもりを するのでしょう。

木の ねの 下などに、冬ごもりの ための あなを ほります。
毎年、同じ あなを つかう くまも 多いようです。

秋に たくさん 食べて おいて、冬ごもりの 間は 何も 食べません。

水も のまないよ。

うんちや おしっこも しないよ。

メスは 冬ごもりの 間に 赤ちゃんを うむ ことが あります。

赤ちゃんに おっぱいを あげる ときは、ねむりが あさく なります。

しって いるかな

冬に ねむる 生きもの

さむい 冬を ねむって すごす 生きものは ほかにも います。

やまね
体は こおりのように つめたく なり、春まで ぐっすり ねむります。

しまりす
ときどき おきて、食べものを 食べます。

かめ・へび
どろの 中や 土の 中で、ねむって すごします。

☺ **おうちの方へ**

日本の寒い地方にすむクマの仲間は、冬になると穴の中で眠って過ごします。これを「冬ごもり」といいます。同じように冬の間眠って過ごす動物にヤマネがいますが、ヤマネは体温が下がって仮死状態のようになり、ふつうは春になるまで一度も目を覚ますことがありません。これを「冬眠」といいます。カメやヘビのような変温動物も、冬は体温が下がるため冬眠をします。

ライオンの たてがみは なんの ために あるの?

ライオンの オスは 顔の まわりに たてがみが 生えて います。
たてがみは 何の ために 生えて いるのでしょう?

こたえ

ライオンは 1〜2頭の オスと
たくさんの メスで、むれを つくります。
むれの リーダーの オスは、ほかから
やって きた オスと たたかいます。
たてがみは そのときに
みを まもるのに やくだちます。

すごすご…

子どもの ライオンには たてがみが ない

ライオンの オスは、
子どもの うちは
たてがみが ありません。
大人に なるに つれて
だんだんと 生えて きます。

赤ちゃんの ときは
たてがみは
ありません。

生まれて
1年くらいで
生えはじめます。

3〜5年くらいで
生えそろいます。

ほかの どうぶつは どうかな？

どうぶつの オスは、自分が 強い ことを
なかまに 知らせる ために、いろいろな
くふうを して います。

にほんざる

強い オスほど
顔や おしりが
まっ赤に なります。

トナカイ

としを とった
強い オスの つのは、
大きくて りっぱです。

メスにも
細くて
小さい
つのが
あります。

セイウチ

強い オスほど
大きな きばを
もって います。

メスにも
細くて
みじかい
きばが
あります。

ぞうの うんちは どれくらい おおきいの？

いきもの

りくで くらす どうぶつの 中で、いちばん 体が 大きい ぞう。ぞうの うんちの 大きさは…？

これくらい！
本当の 大きさです。

ぼくの 顔と 同じくらい！

こたえ 大きな ものは 子どもの 顔の 大きさくらい あります。おもさは 1.5〜2キログラムです。

1日に 100キログラム！

ぞうが 1回に する うんちの 数は 5こくらいで、1日に 10回くらい うんちを します。
1日に する うんちの おもさは 100キログラムにも なります。

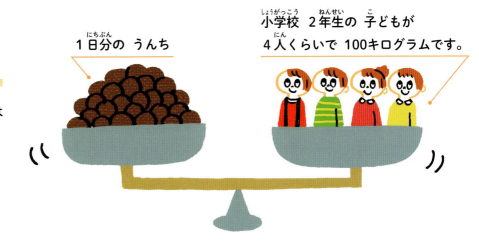

1日分の うんち

小学校 2年生の 子どもが 4人くらいで 100キログラムです。

どんな ものを 食べるの？

どうぶつ園の ぞうは、草や くだものなどを 1日に 100～150キログラムも 食べます。
うんちを 見ると、草が 入って いるのが わかりますね。

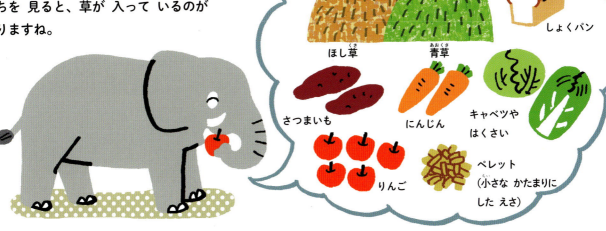

100～150キログラム！

ほし草 / 青草 / しょくパン / さつまいも / にんじん / キャベツや はくさい / りんご / ペレット（小さな かたまりに した えさ）

やってみよう
ぞうの うんちを かんさつしよう

どうぶつ園に 行った ときに、もしかしたら うんちを して いる ところが 見られるかも しれません。どんな うんちか よく 見て みましょう。

😊 おうちの方へ

ゾウが出す大量のふんは、動物園では堆肥の原料として利用されたことがあります。また、海外の一部の動物園では、ゾウのふんからメタンガスを生産し、車や発電の燃料に利用しています。ゾウのふんは大量の繊維質を含んでいるため、煮溶かしてすき、紙をつくることもできます。さらに、タイではゾウにコーヒー豆を食べさせて排出させ、加工して販売しています。このコーヒーは、香りが強い高級コーヒーとして知られています。

だれの あかちゃん?

どんな どうぶつも、赤ちゃんは 小さくて かわいいですね。
❶〜⓫は だれの 赤ちゃんでしょう?

(こたえは 151ページの 下に あります。)

❷ 赤ちゃんの ときだけ
白い 毛が 生えて います。

❶ 体の 白い てんての
おかげで、林の 中で
目立たなく なります。

❸ ガアガアと 鳴きながら、
水の 上を 上手に
およぎます。

❹ 白と 黒の 体で、
竹が 大こうぶつです。

❺ 大人になると、とても
力もちに なります。

❻ ブーブーと いう 鳴き声が とくちょうです。

❼ 大人に なると、首が もっと 長く なります。

❽ とばないけど、水の 中を およぐのが とくいな 鳥です。

❾ 大人に なると、白と 黒の もように なります。

❿ 犬のようですが、コンコンと 鳴きます。

⓫ 大人に なると、体の もようは きえます。

😊 **おうちの方へ**

親子で体の色やもようがちがう動物がいます。多くは、弱い子どもの間、風景によりなじみ、身を守りやすくするための保護色です。

こたえ	❶しか（ニホンジカ）　❷あざらし（タテゴトアザラシ）　❸あひる　❹ジャイアントパンダ　❺ゴリラ（ローランドゴリラ）　❻ぶた　❼きりん（アミメキリン）　❽ペンギン（コウテイペンギン）　❾マレーバク　❿きつね（キタキツネ）　⓫ライオン

？ とりは どうして そらを とべるの？

いきもの

空を じゆうに とび回る 鳥たち。
あんなに 上手に 空を とべたら
気もちが いいでしょうね。
どうして 空を とぶ ことが
できるのでしょう？

鳥の ほね

りゅうこつとっき

こたえ 鳥の むねには 「りゅうこつとっき」と いう 大きな ほねが あります。この ほねに 強い きん肉が ついて いるので、大きな つばさを 力強く はばたかせる ことが でき、空を とべるのです。

❶ むねの きん肉が ちぢむと、
　つばさの ほねが 下がります。

❷ むねの きん肉が のびると、
　つばさの ほねが 上がります。

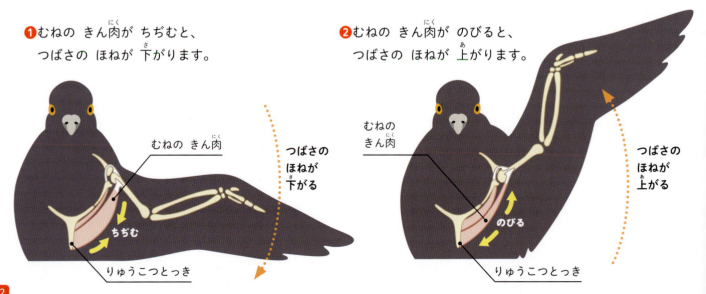

空を とべる ひみつ

鳥の 体には、ほかにも 空を とぶ ための いろいろな ひみつが あります。

ほとんど 羽

鳥の 体は ふっくらして 見えますが、その ほとんどが 羽です。
本当の 体は とても 細くて かるいのです。

中が くうどうの ほね

鳥の ほねは、中が くうどうに なって います。だから とても かるいのです。

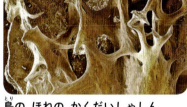
鳥の ほねの かくだいしゃしん

空気の ふくろ

鳥の 体の 中には、空気を たくわえる「気のう」と いう ふくろが たくさん あります。ふくろが ふくらむと、体が かるく なります。

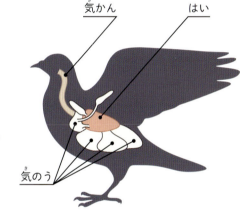

しって いるかな

とばない 鳥も いる

鳥の 中には 空を とばない ものも います。

ペンギン
水の 中を とぶように およぐ ことが できます。

だちょう
空を とばなくても、とても はやく 走る ことが できます。

キーウィ
だちょうと 同じくらい、はやく 走る ことが できると いわれて います。

153

おたまじゃくしは どんなふうに かえるに なるの?

池などに いる おたまじゃくしは かえるの 子どもです。
どんなふうに かえるに なるのでしょう?

こたえ たまごから 生まれた おたまじゃくしは 水の 中で 大きく なります。
大きく なったら、あしが 生えて しっぽが なくなり、かえるに なります。

❶たまごは 水の 中などに うみつけられます。

❷たまごから おたまじゃくしが 生まれます。

❸後ろあしが 生えます。

❹前あしが 生えます。

❺しっぽが みじかく なって かえるに なります。

いきの しかたが かわる

おたまじゃくしの ときは、魚と 同じように 「えら」で いきを して いますが、かえるに なると、「はい」で いきを するように なります。

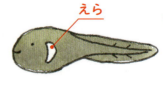 

えら — おたまじゃくし
はい 体の 中に あります。 — かえる

ひよこは どんなふうに にわとりに なるの?

ひよこは にわとりの 子どもです。
どんなふうに にわとりに なるのでしょう?

こたえ
ひよこも たまごから 生まれます。
ひよこの ときは、黄色くて ふわふわの 羽が 生えて います。
羽が ぬけかわって、大人の にわとりに なります。

❶親どりが たまごを うみます。

❷黄色い ひよこが 生まれます。

❸黄色い 羽が ぬけかわります。

❹頭に とさかが 生えて きます。

❺にわとりに なります。

とさかが 大きく なる

大人の にわとりに なると、頭に 「とさか」が できます。

わかい ときは 小さい とさかです。

オスの とさかは 大きく なります。

メスの とさかは 大きく なりません。

だんごむしは なにを たべるの？

いきもの

石の 下などで よく 見かける だんごむしは、何を 食べて くらして いるのでしょう？

こたえ だんごむしの 大こうぶつは おちばです。
夜に なると かくれば しょから 出て きて、
おちばを 食べます。

◀ おちばに あなが あいて います。
これは だんごむしが 食べた あとです。

だんごむしの うんち

だんごむしは おちばを 食べて
うんちを します。
その うんちは、やがて 土の 中の
えいように かわります。
木や 草は、その えいようを
ねっこから とりこみます。

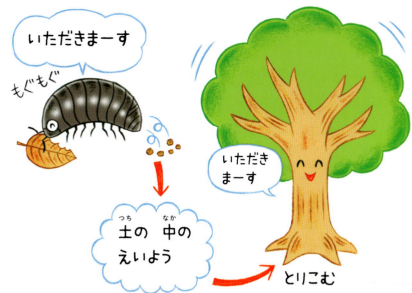

おちばを 食べる 生きもの

おちばを 食べる 生きものは
だんごむしだけでは ありません。
見た ことが ありますか？

わらじむし
だんごむしに
にて いますが
丸まりません。

やすで
体が 細長くて、
あしが たくさん
あります。

ささらだに
くさった おちばを
食べる、だにの
なかまです。

やってみよう

だんごむしを かって みよう

だんごむしを おちばと いっしょに
はこに 入れて かって みましょう。
おちばを 食べる ようすを
かんさつできるかも しれませんよ。

● かんさつしおわったら、にがして あげましょう。

😊 おうちの方へ

ダンゴムシは昆虫ではありません。甲殻類に分類される、エビやカニなどの仲間です。公園などでよく見かけるオカダンゴムシのほか、砂浜などにすむハマダンゴムシ、森にすむコシビロダンゴムシなど、いくつかの種類があります。ダンゴムシは体がふくらんでいて、丸まることができるのに対して、そっくりなワラジムシは体がやや平べったく、丸まることはできません。

しょくぶつは、ちいさな たねから どうやって おおきく そだつの?

大きな 木も、きれいな 花も さいしょは 小さな たねでした。
どのように して 大きく そだつのでしょう?

● ひまわりの 場合

① たねを まきます。
② たねから めと ねっこが 出ます。
③ くきが どんどん のびます。
④ 花が さきます。

こたえ 木や 草は、わたしたちのように 食べものを 食べません。
そのかわり、自分の からだの 中で えいようを 作る ことが できます。
作られた えいようが 木や 草を 大きく そだてます。

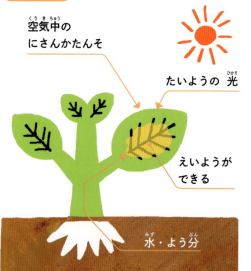

① 土の 中の 水と、空気中の「にさんかたんそ」と たいようの 光で えいようを 作ります。
② えいようが すみずみまで とどきます。
③ 大きく そだちます。

花は 何の ために さくの？

花が さいた あとには、たくさん たねが できます。
花は、たねを 作る ために さくのです。
たねから、また 新しい なかまが そだちます。

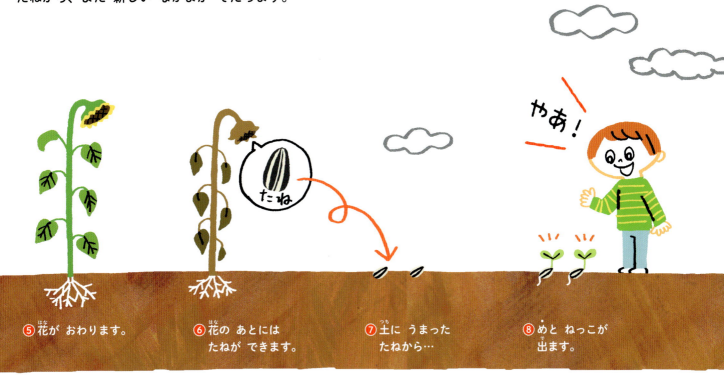

⑤ 花が おわります。
⑥ 花の あとには たねが できます。
⑦ 土に うまった たねから…
⑧ めと ねっこが 出ます。

しって いるかな

なかまを ふやす いろいろな ほうほう

しょくぶつは、なかまを ふやす ために たねを 作ります。
たねを 作る ほかにも、なかまを ふやす ための いろいろな ほうほうが あります。

ちかけい
竹は 土の 中に 「ちかけい」という くきを のばして、たけのこを 作ります。

たけのこ

きゅうこん
チューリップや ゆりは きゅうこんから ふえます。

いも
じゃがいもは 土の 中に いもを 作って ふえます。

😊 おうちの方へ

植物の生長に必要な栄養分は、おもにでんぷんです。これらの栄養分を、植物は自分の体の中で作ることができます。栄養は、葉などの中にある「葉緑体」が「光合成」によって作ります。そのためには、空気中の二酸化炭素と日光、根から吸い上げた水と養分が必要です。光合成によって栄養が作られる際、いらなくなった酸素が分離され、空気中に放出されます。また、養分を運んできた水も大部分は水蒸気として放出されます。

どんぐりには いろいろな かたちが あるのは なぜ？

こたえ どんぐりの 正体は 木のみ（たね）です。
せいちょうすると、かしや ならと いう 木の なかまに なります。
木の しゅるいが ちがうと、どんぐりの 形も ちがいます。

ここを ぼうしと いいます。

こなら
ぼうしには 小さくて うろこの ような もようが あります。

みずなら
ぼうしは こならよりも 大きく、うろこのような もようが あります。

かしわ
どんぐりの てっぺんが 細長く なっています。

あべまき
くぬぎに にて いますが、どんぐりの てっぺんが くぬぎより 少し 細長く なって います。

くぬぎ
みは まん丸で、ぼうしには ぐにゃぐにゃした とげが 生えて います。ぼうしを 見ると、あべまきと 見分ける ことが できます。

うばめがし
丸くて ぼうしが とても 小さいので、すぐに とれて しまいます。

あかがし
ぼうしには すじが 入って いて、細かい 毛が たくさん 生えて います。

あらかし
よく 見かける どんぐりです。ぼうしには すじが 入って います。

しらかし
あらかしよりも ぼうしが 大きく、すじも はっきりして います。

まてばしい
とても 細長くて、ぼうしは うすい 茶色を して います。

すだじい
ぼうしは どんぐり全体を つつんで われて います。

しって いるかな

どんぐりの ぼうしって なあに?

どんぐりの ぼうしは、やわらかく わかい どんぐりを まもる はたらきを して います。正しくは「かくと」と いいます。

どんぐりが わかい ときは、かくとの 中に 入って います。

大きく そだつと、かくとから とび出します。

かくとから 外れたり、かくとごと えだから 外れたりして、じめんに おちます。

かいぬしと はぐれた いぬや ねこは どうなるの?

自分だけの 力で 生きて いく

まちや 山、森に すみついて、たくましく 生きて いく ものも います。
でも、ぐあいが わるく なったり、けがを したり する ことも あります。

びょうきに かかったり、
交通じこに あったり して、
しんで しまう ことも あります。

人が 食べのこした ものを 食べる ことも あります。

ほけんじょなどに ほごされる

ほけんじょなどに れんらくが いき、ほごされる ことも あります。犬や ねこに、れんらく先を 書いた 名ふだを つけて おくと、さがしやすく なります。

● 新しい かいぬしの ところへ 行く

親切な 人に 引きとられて、また ペットとして かって もらえる ことも あります。

● 元の かいぬしの ところへ もどる

さがして いた 元の かいぬしが 引きとります。

● ころされて しまう 命も ある

だれにも 引きとって もらえない 犬や ねこは、かわいそうですが ころす ことも あります。

しって いるかな

やせいかする ペット

にげだした 小鳥や、すてられた かめや 魚などが 公園や 川、池などに すみついて しまう ことも あります。

やせいかした インコが むれを つくる ことも あります。

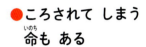

きけんな 生きものが やせいかする ことも あります。ぜったいに にがしたり すてたり しては いけません。

😊 **おうちの方へ**

明らかにペットである動物を保護した場合、かってに飼うことはできません。拾得物（落し物）として警察か保健所に届け、飼い主がいないことを確認することが必要です。飼い主が見つからず、引き取り手もいない犬などは、感染症や人に危害を加える恐れなどがあるので、各自治体の保健所で殺処分となります。自治体のホームページに保護されている動物が掲載されており、希望すれば引き取ってペットとして飼えることもあります。

のりもののふしぎ

あなたの まわりの、いろいろな のりものに 目を むけて みましょう。
「車は どうやって うごくの？」「新かん線は どうして はやく 走れるの？」
これが、さいごの ふしぎの たびです。

くるまは どうやって うごくの？

じどう車は、じてん車のように足で こがなくても うごきます。
どうやって うごいて いるのでしょう？

こたえ じどう車は、エンジンの 力で タイヤを 回して うごきます。

❶ガソリンと いう ねんりょうを エンジンに おくります。

❷エンジンの 中で ガソリンを ばくはつさせて、その 力で クランクシャフトと いう ぼうを 回します。

クランクシャフト

エンジン

❸クランクシャフトが タイヤを 回します。

ガソリンタンク

タイヤ

じどう車が まがる しくみ

ハンドルを 回すと、回した ほうこうに まがります。

❶ ハンドルを 回します。

❷ 回した 力が、前の タイヤに つたわります。

❸ 前の タイヤの むきが かわって、タイヤが むいた ほうに 車が まがります。

ハンドル

じどう車が 止まる しくみ

足もとに ある ブレーキペダルを ふむと 止まります。

❶ ブレーキペダルを ふみます。

❷ ふんだ 力が タイヤに ついて いる ブレーキパッドに つたわります。

❸ ブレーキパッドが タイヤに ついて いる ブレーキばんと いう いたを はさんで 止まります。

ブレーキばん

ブレーキパッド

しって いるかな

ハイブリッドカーって なあに?

ガソリンで うごく エンジンと 電気で うごく モーターの 2つの 力で うごく じどう車の ことです。

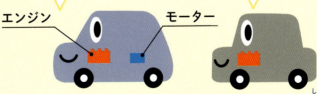

エンジンと モーターの りょうほうが あるよ！

エンジンだけだよ

エンジン　モーター

ハイブリッドカー　　ふつうの じどう車

😊 おうちの方へ

ここでは、ガソリンを燃料とする自動車と、ブレーキパッドを使用するブレーキについての仕組みを紹介しています。通常のエンジンはガソリンを燃やすことで地球温暖化の原因のひとつとなる二酸化炭素、大気汚染の原因となる物質を排出します。そのため最近では、そういった物質の排出量を減らすためのさまざまな工夫がされています。なかでもガソリンと電気の両方を使って走ることで、ガソリンの消費量やさまざまな物質の発生をおさえるハイブリッドカーが人気を集めています。

くるまの ナンバープレートには なにが かいて あるの?

車の 前と 後ろには、数字や 文字が 書いて ある 四角い いたが ついて います。これを ナンバープレートと いいます。

こたえ

ナンバープレートを 見れば、どんな 車なのか、もちぬしが どの あたりに すんで いるのか、などが わかります。

同じ ナンバープレートは ないので、だれの 車なのか わかるよ!

車を とうろくする じむしょの ある ばしょ
車の もちぬしが、車を とうろくした ばしょです。もちぬしが すんで いる ところの 近くで、とうろくする ことが 多いです。

分るい番ごう
車の 大きさや しゅるいが わかります。

ひらがな
ひらがなを 見ると、家で つかう 車か、しごとで つかう 車か、レンタカーなのかが わかります。

色
しごとで つかう 車は、みどりの いたに 白い 文字で 書いて あります。

いちれん してい 番ごう
1から 99-99までの 数字が つかわれて います。

事業用
しごとで つかう 車には 車体に 「事業用」などの 文字が 書いて あります。

いろいろな ナンバープレート

どんな 車に どんな ナンバープレートが ついて いるのでしょう？

3、30〜39、300〜399、5、50〜59、500〜599の分るい番ごうは、ふつうのじょうよう車に ついて います。小さい けいじどう車は、いたに 色が ついて います。

1、10〜19、100〜199の分るい番ごうは にもつを はこぶ 大がたトラックなどに ついて います。

8、80〜89、800〜899の分るい番ごうは パトロールカーや しょうぼう車、きゅうきゅう車 などに ついて います。

ひらがなを 見て みよう

ナンバープレートの ひらがなの 中で、**わ**と**れ**は レンタカーに つかわれます。
あいうえかきくけこをは しごとで つかう 車に つかわれます。
そのほかは、おもに 家で つかう 車です。

● つかわれない ひらがな

しは **死**を、**へ**は **おなら**を、イメージさせる ために つかわれて いません。

やってみよう

ナンバープレートを よく 見て みよう

どうろを 走って いる 車の ナンバープレートを かんさつして みましょう。
どこから 来た 車なのか、わかります。

● かならず 大人の 人と いっしょに 見ましょう。

おうちの方へ

ナンバープレートで使われないひらがなに、「お」がありますが、これは形が似たような「あ」「す」「む」との読み間違いを防ぐために使われていません。また、救急車や消防車は「事業用」とは見なされないため、ナンバープレートの色は、白地に緑色の文字で表示しています。

こうじげんばでは どんな のりものが はたらいて いるの?

新しい どうろや たてものを つくって いる こうじげんばでは、いろいろな のりものが はたらいて います。どんな のりものが はたらいて いるのでしょう?

ブーム
のばすと 高い ところまで とどきます。

トラッククレーン

ものを 高い ところに つり上げたり、高い ところに ある ものを 下ろしたりします。

アウトリガー
たおれないように する ための ささえです。

パワーショベル

じめんを ほったり、土を うつしかえたりします。

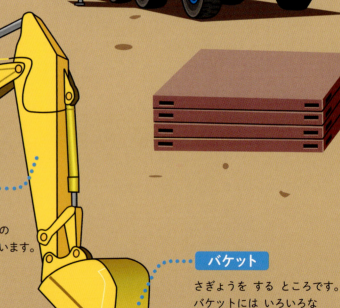

ブーム

アーム

うでの ぶぶんは ブームと アームの 2つに 分かれて います。

バケット
さぎょうを する ところです。バケットには いろいろな 形が あって、つけかえる ことが できます。

クローラー

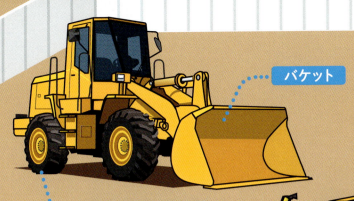

ホイールローダー

土などを すくって はこびます。
ダンプトラックなどに 土を
つむ ことが できます。

バケット
ホイール（タイヤ）

バケット

ブルドーザー

土を あつめたり、じめんを
たいらに したりします。

クローラー

ダンプトラック

にだいを かたむけて、
にもつを いちどに 下ろす
ことが できる トラックです。

にだい

ロードローラー

ロールと いう 大きな つつのような ものを
ころがして、じめんを たいらに します。

ロール

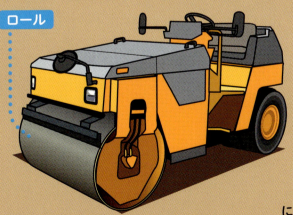

ミキシングドラム

にだい

コンクリートミキサー車

にだいに のせた ミキシングドラムを 回して、コンクリートを まぜます。

😊 **おうちの方へ**

工事に使われる乗り物は、一般的に建設機械とよばれます。建設機械には丸いタイヤの代わりに、ベルトのようなクローラー（無限軌道）を用いているものがあります。クローラーには、タイヤにくらべて接地面積が大きいために地面に沈みにくく、凹凸のある地面でもしっかり接触して走れる、などの利点があります。また、パワーショベルやホイールローダーは先端のバケットを交換することができます。バケットを交換して、土を運ぶだけでなく、ものをつかんで持ち上げたり、ものを切ったりする作業もできます。

どうして しょうぼうしゃや きゅうきゅうしゃは おとを ならすの?

しょうぼう車や きゅうきゅう車、パトロールカーが 音を 鳴らして 走って いる ことが あります。どうして 音を 鳴らして いるのでしょう?

 こたえ しょうぼう車や きゅうきゅう車、パトロールカーは 音(サイレン)を 鳴らして、近づいて いる ことを ほかの 車に 知らせます。もくてきちに 早く つく ため、ほかの 車に 道を ゆずって もらえるように 知らせて いるのです。

●音を 鳴らさないと…
「通れないよう!」

●音を 鳴らすと…
「ゆずって もらえた! ありがとう」
ウ〜ウ〜

いろいろな サイレン

サイレンの 音は、車に よって ちがいます。
どの 車が 音を 鳴らして いるのか、
わかるように する ためです。

しょうぼう車
サイレンと いっしょに
かねを 鳴らします。

ウー ウー
カーン カーン

パトロールカー
しょうぼう車よりも
高い 音が します。

ウー

きゅうきゅう車
交さ点などでは
「ウー」と 鳴らします。

ピーポー
ピーポー

やってみよう

きゅうきゅう車の 音が かわる？

走って いる ときの きゅうきゅう車の
サイレンは、近づいて くる ときと 遠ざかる
ときで 音の 高さが かわって 聞こえます。
それは 近づく ときと 遠ざかる ときで、
音の つたわり方が かわるからです。
きゅうきゅう車が 走って いたら、音の 高さが
かわる ようすを たしかめて みましょう。

ピーポーピーポー　パーポーパーポー
高い 音だね　　　　ひくく なった！

😊 おうちの方へ

消防車や救急車、パトロールカーなどの緊急車両がサイレンを鳴らして走るのは、まわりの車や歩行者に注意を促し、道を譲ってもらうためです。また、救急車が遠ざかるときにサイレンの音が低く聞こえることを「ドップラー効果」といいます。これは、近づいてくるときと遠ざかるときでは、聞こえる音の周波数が変わるために起こります。

ごみしゅうしゅうしゃの なかは どうなって いるの?

ごみしゅうしゅう車は、わたしたちの家から 出た ごみを あつめます。車の 後ろから たくさんの ごみを つめこんで いますが、中は どうなって いるのでしょう？

 ごみしゅうしゅう車は、「スライドばん」と 「あっしゅくばん」と いう いたが うごいて、ごみを つぶしながら 中の ほうへ おしこんで います。

❶スライドばんが 下がって、あっしゅくばんが ごみを とらえます。

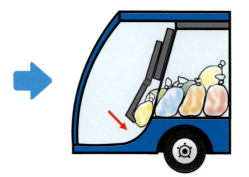

❷あっしゅくばんが ごみを おします。

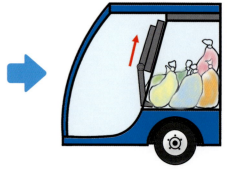

❸スライドばんが 上がり、あっしゅくばんが さらに ごみを おしこみます。

ごみしゅうしゅう車の ひみつ

ごみしゅうしゅう車には ほかにも いろいろな ひみつが あります。

のぞきまど
中の ごみの ようすを かんさつします。

モニター
うんてんせきに あります。カメラが うつした 外の えいぞうを 見る ことが できます。

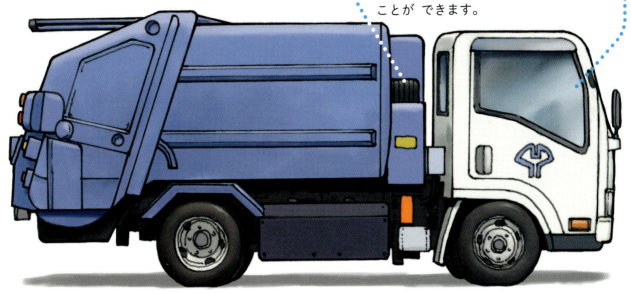

カメラ
うつした えいぞうが モニターで 見られます。後ろに 人が いないか どうか、たしかめます。

そうさ スイッチ
スイッチを つかって スライドばんや あっしゅくばんなどを うごかします。

ランプ
ごみを あつめて いる ときは「作業中」という 文字が 出ます。

きんきゅう ていし スイッチ
ここを おすと、スライドばんや あっしゅくばんが 止まります。

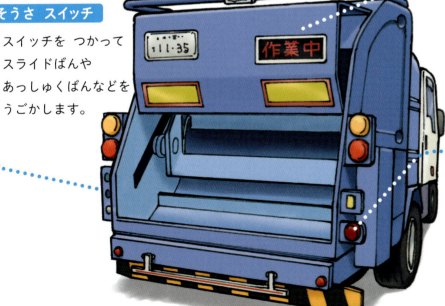

😊 おうちの方へ

ごみ収集車には、スライド板と圧縮版を使ったプレス式のほか、回転板を使ってごみを押し込む回転式もあります。できるだけ多くのごみを圧縮して積むことができるように、スライド板と圧縮版、回転板などからなるプレス機構は非常に強力になっており、ふつうの家具くらいなら押しつぶしてしまうことができます。そのため、人が巻き込まれることがないように、モニターや緊急停止スイッチなどがついています。ごみ収集車は、清掃車、ごみ回収車とも呼ばれます。

? しんかんせんは どうして はやく はしれるの?

のりもの

新かん線は、じそく 200キロメートル いじょうの スピードで 走る、とても はやい れっしゃです。

こたえ 新かん線は、先の 形を 細長くして、ぶつかる 空気を 後ろへ ながれやすくして います。このような 形を「りゅう線形」と いいます。はやく 走る ための くふうの ひとつです。

●ふつうの 電車

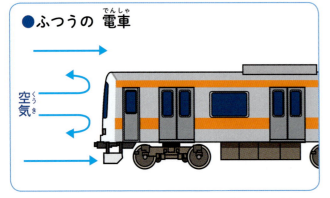

空気が まともに ぶつかるので、大きな 音が 出やすく、あまり はやく 走れません。

●新かん線

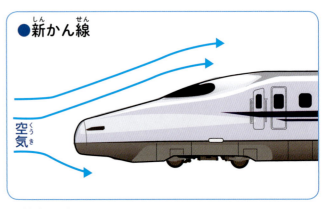

空気が 後ろに ながれるので、ゆれにくくなり、はやく 走りやすくなって います。

新かん線の はやさの ひみつ

新かん線が はやく 走れる ひみつは ほかにも あります。

車体が かるい
スピードを 出しやすいように、アルミニウム合金と いう 金ぞくで つくられて います。

モーターが 強力
ふつうの 電車の モーターよりも 力が 出せる モーターが たくさん ついて いるので スピードが 出せます。

ふみ切りが ない
人や 車が ふみ切りから 線ろに 入る ことが ないので、スピードを 出しても あんぜんです。

線ろの カーブが ゆるやか
スピードを 出しても だっ線しないように、線ろの カーブが ゆるやかに つくられて います。

線ろの はばが ひろい
ふつうの 電車よりも 線ろの はばが 広いので、スピードを 出しても たおれにくくなって います。

▲ふつうの 電車

▲新かん線

▲ふみ切りが ない 新かん線の 線ろ

😊 おうちの方へ
全国新幹線鉄道整備法では、おもな区間を時速200km以上の速度で走る列車を「新幹線鉄道(通称新幹線)」と定めています。東海道・山陽新幹線の「のぞみ」は最高時速300km、東北新幹線の「はやぶさ」は最高時速320kmで運行しています。また、列車が高速で通過する新幹線の本線には、原則的に踏切を設置しないことになっています。しかし、東海道・山陽新幹線には1ヶ所だけ、新幹線が通過する踏切があります。踏切があるのは、「本線」ではなく車両メンテナンスを行う工場に行くための「引き込み線」です。列車が時速4、5kmで通過するため安全性に問題がないと判断され、踏切が設けられました。

リニアモーターカーって どんな のりもの?

のりもの

JR東海が 2027年の かんせいを めざして かいはつ中の 「ゆめの ちょうとっきゅう」リニアモーターカー。どんな のりもの なのでしょう?

 こたえ リニアモーターカーは、じしゃくの 力を つかって 走る のりものです。

● じしゃくの しくみ

 ちがう「きょく」を 合わせると、引きつけ合います。

 同じ「きょく」を 合わせると、はなれようと します。

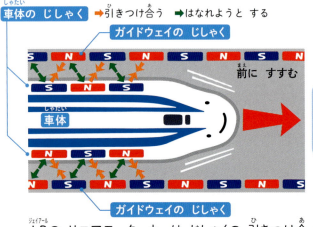

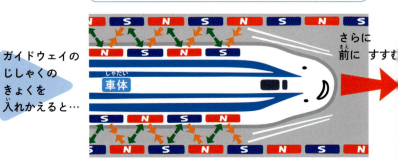

JRの リニアモーターカーは、じしゃくの 引きつけ合ったり はなれようと したりする 力を つかって 走ります。
ガイドウェイ(じしゃくが 入っている かべ)の じしゃくの きょくを 入れかえて、スピードや ブレーキの そうさを します。

うかぶ しくみ

JRの リニアモーターカーには 車りんが ありません。

じしゃくの、はなれようと する 力を つかって うかんで います。

＊イラストでは わかりやすいように、ガイドウェイの じしゃくを 車体の 下に かいて いますが、じっさいには 車体の よこに あります。

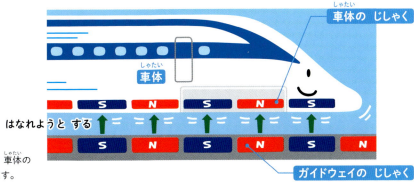

●車りんの ある 電車

●リニアモーターカー

JRの リニアモーターカーは じしゃくが はなれようと する 力で うかんで いるので、スピードを 出す ことが できます。新かん線よりも はやく、じそく 500キロメートル いじょうで 走る ことが できます。

しって いるかな

これも リニアモーターカー

●車りんで 走る リニアモーターカー

じしゃくの 力を つかう モーターで うごきますが、車りんで 走ります。
（東京都・都営大江戸線）

●引きつけ合う 力で うかぶ リニアモーターカー

じしゃくの 引きつけ合う 力を つかって、車体を うかせて すすむ リニアモーターカーです。
（愛知県・愛知高速交通 東部丘陵線）

😊 **おうちの方へ**

磁石の力で浮かんで走るリニアモーターカーを「磁気浮上式」といいます。磁気浮上式のうち、JRのように反発力を利用して浮き上がる方式を「誘導反発浮上方式」、愛知高速交通のように引きつけ合う力で浮き上がる方式を「電磁吸引浮上方式」といいます。世界に目を向けると、電磁吸引浮上方式のリニアモーターカーは2002年から中国の上海で、「上海トランスラピッド」が時速430kmで営業運転をおこなっています。

どうして ひこうきは おおきいのに とべるの？

のりもの

おおぜいの 人や にもつを のせて、空を とぶ ひこうき。
あんなに 大きな ものが どうして 空を とべるのでしょう？
ひこうきが とび上がる ようすを 見て みましょう。

❶かっそうろを 走って、とび上がる ために ひつような スピードを 出します。

❷ひこうきの 先を 上に むけます。

クイッ

ごたえ ひこうきの つばさに ついて いる エンジンを うごかして 前に すすみます。

エンジン

エンジン

● 前に すすむ しくみ

❶プロペラを 回すと、エンジンの 前から 空気が すいこまれます。

前

後ろ

空気

❸エンジンの 後ろから ガスを いきおいよく ふき出して、前へ すすみます。

❷エンジンの 中で ねんりょうと 空気から ガスを つくります。

❸うく 力が できて、
　ひこうきが うかびます。

ふわり

❹うく 力と 前に すすむ
　力を 合わせて、
　空を とびます。

とんだ！

こたえ ひこうきが 前に すすむと、かまぼこのような 形の つばさに 空気が 当たって、うかびます。

● うき上がる しくみ

❶つばさに 空気が 当たって、上と 下に 分かれます。つばさの 上に 行った 空気は 少し うすく なるので、ものを おす 力が 弱く なります。

❷つばさの 下に 行った 空気は うすく なりません。そのため、つばさの 上に 行った 空気よりも、ものを おす 力が 強く なります。

❸つばさの 下に 行った 空気の 力で おし上げられます。

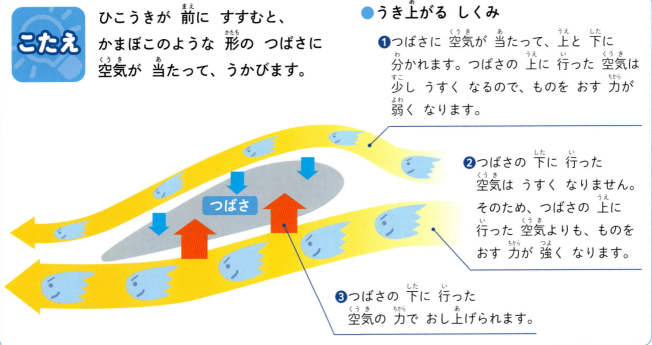

どうして ふねは おもいのに うくの?

船は とても 大きくて おもい のりものですが、水の 上でも しずみませんね。
どうして あんなに おもいのに ういて いられるのでしょう?

こたえ 大きな 船は てつで できて いますが、中に 空気が たくさん 入って いるので 水に うかぶ ことが できます。

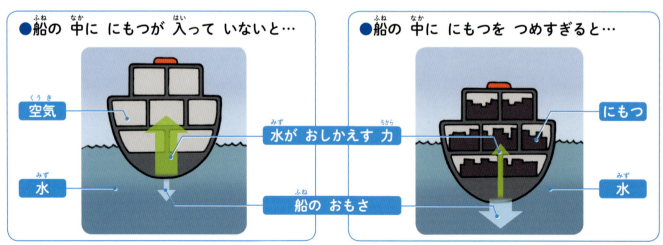

●船の 中に にもつが 入って いないと…
空気 / 水 / 水が おしかえす 力 / 船の おもさ

船の おもさよりも、水が おしかえす 力の ほうが 大きいので、船は 水に うきます。

●船の 中に にもつを つめすぎると…
にもつ / 水

水が おしかえす 力よりも 船の おもさの ほうが 大きいので、水に しずんで しまいます。

すすむ しくみ・まがる しくみ

船は どうやって すすんだり まがったり するのか、船の そこを 見て みましょう。

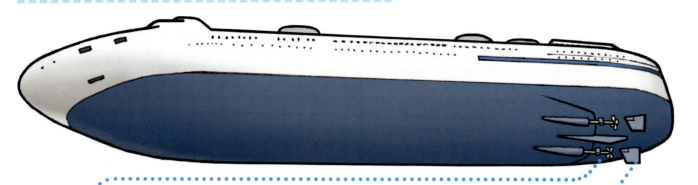

スクリュー

船の そこには、スクリューと いう 大きな プロペラが ついて います。スクリューを 回すと、水が スクリューの 前から すいこまれて 後ろへ ふき出すので、前に すすみます。

かじ

船の 後ろの ほうに、かじが ついて います。
船の すすむ むきを かえる ときは、かじを うごかします。

かじが まっすぐだと 船も まっすぐ すすみます。

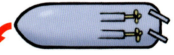

かじを まげた ほうに 船の むきが かわります。

やってみよう

石けんで すすむ 船を 作ろう!

食品トレーと 石けんで、船の おもちゃを 作って みましょう。

石けんが 水に とける いきおいで すすむんだよ。

❶ トレーを 船の 形に 切ります。 切りこみを 入れます。

❷ 切りこみに 石けんの かけらを はさみます。

石けんが おちないように はさみます。

❸ 水に うかべると すすみます。

● かならず おうちの人と いっしょに 作りましょう。

😊 おうちの方へ

水が船などを押し返して浮かべる力を「浮力」といいます。ふだん、船の中には多くの空気があり、水に浸かっている船体の重さよりも浮力のほうが大きくなるため浮いているのです。しかし、船に水が入ったり荷物を積みすぎたりすることで、浮力よりも船体の重さが大きくなると沈みます。そのため、船は積むことができる荷物などの重さが厳格に決められています。また、大型の船は船体に穴があいたときに水が入りにくいように、中が多くの壁で細かく仕切られています。

どうして じてんしゃは はしって いる ときに たおれないの？

のりもの

じてん車は 人が のって いないと たおれるのに、人が のって 走って いると たおれませんね。どうしてでしょう？

 こたえ
それは、じてん車に のって いる 人が バランスを とって いるからです。どんなふうに バランスを とるのか、見て みましょう。

 ❶と ❷を すばやく くりかえすんだよ。

❶右に たおれそうに なったら、ハンドルを 左に むけて、体も 左に たおします。

❷左に たおれそうに なったら、ハンドルを 右に むけて、体も 右に たおします。

じてん車が たおれない りゆうは ほかにも あります。

回って いる ものは たおれにくい

回って いる こまが たおれない ことと 同じように、じてん車の 車りんも 回って いると たおれにくく なります。

ほじょりんつき じてん車

じてん車に のれない 人は、ほじょりんを つけて れんしゅうを します。
上手に のれるように なったら、ほじょりんは 外します。

前の タイヤが 少し 出て いる

じてん車の 前の タイヤを よく 見ると、ハンドルの ついて いる ぼうが 少し ななめに なって いて、タイヤが 前に つき出て います。
これは、タイヤが まっすぐに むいて いる ときに、バランスを よく する ための くふうです。

☺ おうちの方へ

走っている自転車が倒れない理由は、いろいろあると言われています。最近の研究では、人間が上手にバランスをとっていることが、もっとも大きな理由だと考えられています。お子さんが自転車に乗る際は、公園などでも決められたスペースで乗ること、交通ルールを守ることなどもお話ししてください。

のりもの

 ふつうの じてん車

● じそく　15〜25キロメートル

 レース用の じてん車

● さいこうじそく　やく70キロメートル

 ふつうの じどう車

● じそく（きめられた そくど）　60〜100キロメートル

 レース用の じどう車
＊アメリカで おこなわれた、ドラッグスターと いう じどう車を つかった レースで 出た きろくです。

● さいこうじそく　やく530キロメートル

 ふつうの ひこうき
ボーイング777（アメリカ）

● じそく　やく900キロメートル

 せかいいち はやい
スラストSSC（イギリス）

● さいこうじそく　やく1230キロメートル

● さいこうじそく　やく7274キロメートル

● じそく　やく28400キロメートル

● じそく　やく40300キロメートル

☺ おうちの方へ

世界最速の自動車である、スラストSSCの記録は、1997年10月15日にアメリカで行われた記録会で出されたものです。この車は、ガソリンエンジンではなくジェットエンジンで走る記録用の自動車ですので、公道を走ることはできません。また、上のボーイング777の時速は、巡航速度で表記しています。

いちばん はやい のりものは なあに?

せかいで いちばん はやい のりものは、アメリカで 作られた X-15という じっけん用の ひこうきです。
じめんの 上を 走る のりもので いちばん はやいのは、イギリスで 作られた スラストSSCと いう じどう車です。

じどう車

せかいいち はやい ひこうき
X-15 (アメリカ)

ちきゅうを 回る ロケット
H-ⅡA (日本)

うちゅうに とび出す ロケット
ソユーズ (ロシア)

おわりに

おかえりなさい、ふしぎの たびは 楽しかったですか？ 今まで わからなかった ことが わかるように なりましたか？ ほら、みのまわりの いろいろな ものに 目を むけて ごらんなさい。今までとは 見え方が ちがうはずです。あなたは ちしきを えて、ものの おくに ある ものまで 見えるように なったのです。これが 学ぶと いう ことです。つぎは あなたが 知った ことを、まわりの 人にも 教えて あげましょう。そして、これからも 新しい ふしぎを さがす たびを つづけてください。

とりは どうして そらを とべるのか わかったよ

しんごうの いろが、なぜ あお・きいろ・あかなのか わかったよ

なぜ あせが でるのか わかったよ

くるまの ナンバープレートには なにが かいて あるのか わかったよ

さくいん

この ずかんに 出てくる おもな ことばを、「あ」から「わ」まで じゅんばんに ならべて います。右の 数字は、その ことばが 出てくる ページです。

あ

- あいさつ ……………………… 14〜15
- あか(垢) ………………………… 99
- あかがし ………………………… 161
- 赤ちゃん ……………… 112〜113, 114〜115,150
- あくび …………………………… 99
- あざらし ………………… 150〜151
- あせ ………………… 79, 102〜103
- あひる …………………… 150〜151
- あべまき ………………………… 160
- あまぐも ………………………… 119
- 雨 ……………………… 61,119, 120〜121,126〜127,130〜131
- あらかし ………………………… 161
- アリゲーターガー ……………… 163
- い(胃) ……………………… 74,77,95
- いじわる ………………………… 26〜27
- いただきます …………………… 38,40
- 犬 …………………… 35,113,162〜163
- いね ……………………………… 42〜43
- インスタントラーメン ………… 62〜63
- ウイルス ………… 17,104〜105,108
- うさぎ ………………………… 113,135
- うすぐも ………………………… 119
- うちゅうじん ………………… 138〜139
- うどん …………………………… 55,66〜67
- うばめがし ……………………… 161
- 海 ……… 46,64,121,124,130〜131,135
- うろこぐも(いわしぐも) ……… 119
- うんち ……… 77,94〜95,148〜149,157
- H-ⅡA …………………………… 187
- X-15 …………………………… 187
- おかし …………………………… 70
- お金 ……………………………… 24〜25
- おこのみやき ………………… 54〜55

- おさけ …………………………… 78〜79
- おじぎ …………………………… 15
- おしっこ ……………………… 79,96〜97
- お正月 …………………………… 51,88
- おせちりょうり ……………… 51,88〜89
- おぞうに ………………………… 51,89
- おたまじゃくし ………………… 154
- おなら …………………… 76〜77,99,169
- おへそ ………………………… 112〜113

か

- かえる ………………………… 113,154
- かさぶた ……………………… 108〜109
- かじ(舵) ………………………… 183
- かしわ ………………………… 33,160
- かしわもち …………………… 33,51
- かぜ(風邪) ……………………… 104〜105
- かつおぶし …………………… 54〜55
- かば ……………………………… 113
- かぶと …………………………… 33
- かみつきがめ …………………… 163
- かみなり ……………………… 122〜123
- かみの毛 ………………………… 101
- かめ …………………………… 145,163
- カレー ………………………… 56〜57,65
- かんづめ ……………………… 84〜85
- キーウィ ………………………… 153
- きつね …………………………… 151
- きゅうきゅう車 ……………… 169,172〜173
- ぎょうじ食 ……………………… 51
- きょうど食 ……………………… 51
- きりぐも ………………………… 119
- きりん ………………………… 111,113,151
- くしゃみ ……………………… 99,105
- くだもの ……………………… 44〜45,71,90
- くぬぎ …………………………… 160
- くま …………………………… 144〜145

- くも(雲) ……………………… 118〜119, 120〜121,122,124〜125
- くもりぐも(うねぐも) ………… 119
- けいつい ………………………… 111
- げっぷ …………………………… 99
- ケバブ …………………………… 64
- コーヒー ………………………… 80〜81
- ごちそうさま …………………… 39,41
- こつばん ………………………… 111
- こどもの日 …………………… 32〜33,51
- こなら …………………………… 160
- こぶ ……………………………… 109
- ごみしゅうしゅう車 ………… 174〜175
- 米(お米) ……………………… 42〜43,65,89
- ゴリラ ………………………… 150〜151
- コンクリートミキサー車 ……… 171

さ

- 魚(お魚) …………………… 46〜47,64〜65,94
- ささらだに ……………………… 157
- さつまいも …………………… 76〜77
- しか …………………………… 150〜151
- じしん ………………………… 132〜133
- じてん車 ………………… 23,166,184〜185,186
- じどう車(車) ………………… 23,166〜167, 168〜169,186〜187
- しまりす ………………………… 145
- ジャイアントパンダ ………… 150〜151
- 十二しちょう(十二指腸) ……… 95
- シューマイ ……………………… 64
- 小学校 …………………………… 28〜29
- 小ちょう(小腸) ……………… 68,77,95
- しょうぶゆ(菖蒲湯) …………… 33
- しょうぼう車 ………………… 169,172〜173
- 食道 ……………………………… 95
- 食ひんリサイクル ……………… 90〜91
- しらかし ………………………… 161

新かん線 …… 99,176〜177,179		ホイールローダー …… 171
しんごう …… 22〜23,73		ぼうこう …… 96〜97
じんぞう …… 96〜97		ボーイング777 …… 186
頭がいこつ …… 110〜111		ほね …… 78,109,110〜111,152〜153
スクリュー …… 183	**な**	
すじぐも …… 119	なっとう …… 52〜53	**ま**
すだじい …… 161	ナンバープレート …… 168〜169	マーク …… 30〜31
スパゲッティ ボロネーゼ …… 64	肉(お肉) …… 48〜49	まつ毛 …… 100
スラストSSC …… 186	56〜57,64〜65,81,87,89,94	まてばしい …… 161
セイウチ …… 147	にじ …… 126〜127	マナー …… 20〜21
せいし(精子) …… 114〜115	にほんざる …… 147	まゆ毛 …… 101
せい電気 …… 123	にゅうどうぐも(かみなりぐも) …… 119,122	マレーバク …… 151
せき …… 105	にわとり …… 48,113,155	みずなら …… 160
石けん …… 16〜17,38,183	ねこ …… 35,113,142〜143,162〜163	みつ(蜜) …… 58〜59
せぼね …… 110〜111	のう(脳) …… 18〜19,73,74〜75,	むしば …… 70,73,106〜107
ぞう …… 113,148〜149	78,82,99,101,104〜105,110〜111	目やに …… 99
そば …… 66〜67	**は**	めん(麺) …… 62〜63,66〜67
ソユーズ …… 187	ばいきん …… 17,73,98〜99,101,104〜105	**や**
空 …… 118〜119,120,126,128〜129	ハイブリッドカー …… 167	やさい …… 44〜45,
ソルビトール …… 58〜59	パエリア …… 65	56〜57,64〜65,87,89,90
た	はし(箸) …… 39	やすで …… 157
大たいこつ(大腿骨) …… 111	パトロールカー(パトカー) …… 169,	やまね …… 145
大ちょう(大腸) …… 77,95	172〜173	夕やけ …… 129
台風 …… 124〜125	花 …… 35, 158〜159	雪 …… 121
たいよう …… 121,126〜127,128〜129,	はなくそ …… 98	**ら**
134,136〜137,138〜139,158	はな毛 …… 98,101	ライオン …… 113,146〜147,151
だちょう …… 153	パワーショベル …… 170	卵(卵子) …… 114〜115
たね …… 35,159	ハンバーガー …… 65	ランドセル …… 29
だんごむし …… 156〜157	ひこうき …… 180〜181,187	リニアモーターカー …… 178〜179
ダンプトラック …… 171	びこつ …… 111	りんご …… 45,58〜59
ちきゅう …… 65,131,	ひつじぐも(まだらぐも) …… 119	ロードローラー …… 171
134〜135,136〜137,138〜139	ひまわり …… 158	ロケット …… 187
月 …… 134〜135	ひょうしき …… 23	ろっこつ …… 111
つば(唾) …… 72〜73,95	ひよこ …… 155	**わ**
デザート …… 74〜75	ピロシキ …… 65	わしょく(和食) …… 39,50
電子レンジ …… 86〜87	ブイヤベース …… 64	わたあめ …… 60〜61
とかげ …… 113	フードバンク …… 91	わたぐも …… 119
トナカイ …… 147	ぶた …… 48,90,151	わに …… 113
トラッククレーン …… 170	船 …… 182〜183	わらじむし …… 157
鳥 …… 35,151,152〜153	冬ごもり …… 144〜145	
どんぐり …… 160〜161	ブルドーザー …… 171	
	へび …… 113,145	
	べんきょう …… 28〜29	
	ペンギン …… 151,153	

■監修

千葉経済大学短期大学部こども学科教授	横山　洋子	[総合監修・せいかつ・たべもの]
東京聖栄大学客員教授（東京農業大学名誉教授）	藤島　廣二	[たべもの]
女子栄養大学専任講師	奥嶋佐知子	[たべもの]
横浜国立大学教育人間科学部理科教育講座教授	森本　信也	[たべもの・しぜん]
みやのこどもクリニック院長	宮野　孝一	[たべもの・からだ]
日本動物科学研究所所長	今泉　忠明	[いきもの]
国立科学博物館附属自然教育園特任研究官	萩原　信介	[いきもの]
元多摩動物公園飼育課昆虫飼育係長	高家　博成	[いきもの]
日本鉄道写真作家協会会員	小賀野　実	[のりもの]
日本女子大学人間社会学部心理学科教授	竹内　龍人	[前見返し]

■イラスト

La ZOO
seesaw.
the rocket gold star
石川　日向
石丸　千里
市川　彰子
岩本　孝彦
オオイシチエ
かいちとおる
京田クリエーション（かしわらあきお・清水ダイスケ・たかいよしかず）
剣持　晶子
田島　直人
常永　美弥
てづかあけみ
とりうみゆき
中沢　正人
夏目　尚吾
西片　拓史
長谷川貴子
飛田　敏
福武　忍
松岡　正記
吉沢　早織

■撮影

岡崎　正人
田口　周平
伝　祥爾

■写真

NASA
NNP
PIXTA
Shutterstock
アフロ
アマナイメージズ
オアシス
大山　昌夫
田口　周平
伝　祥爾
扉野　良人
フォトライブラリー

■画像提供

味の素株式会社［スパゲッティ ボロネーゼ・ブイヤベース・シューマイ・カレー・ピロシキ・ハンバーガー］
株式会社紀文食品［皿盛：かまぼこ・昆布巻・数の子・田作り・黒豆・伊達巻］
株式会社パスモ（ＰＡＳＭＯは株式会社パスモの登録商標です。）
土屋　英夫［生物教材製作所］
日清食品株式会社
はごろもフーズ株式会社
三菱電機株式会社

■商品提供

パナソニック株式会社

■協力

一般財団法人　食品産業センター
江崎グリコ株式会社
株式会社新横浜ラーメン博物館
公益社団法人　中央畜産会
地方独立行政法人　青森県産業技術センターりんご研究所
日清食品株式会社
はごろもフーズ株式会社
三井製糖株式会社
全国納豆協同組合連合会

■編集協力

株式会社　童夢
入澤　宣幸
景山　芳
小林　真理
林　彩子

■表紙イラスト

上田三根子

■表紙・本文デザイン

有泉　武己

■企画編集

西川　寛［編集長］
大竹　麻代
森実　桃子
川原早百合［統括編集長］

ふしぎがわかるよ！図鑑

2015年2月18日　第1刷発行
2020年10月23日　第8刷発行

発行人	松村広行
編集人	小方桂子
発行所	株式会社学研プラス 〒141-8415 東京都品川区西五反田2-11-8
印刷所	共同印刷株式会社
製本所	株式会社難波製本

●この本に関する各種お問い合わせ先
・本の内容については、下記サイトのお問い合わせフォームより
　お願いします。
　https://gakken-plus.co.jp/contact/
・在庫については　☎03-6431-1197（販売部）
・不良品（落丁、乱丁）については　☎0570-000577
　学研業務センター　〒354-0045 埼玉県入間郡三芳町上富279－1
・上記以外のお問い合わせは
　☎0570-056-710（学研グループ総合案内）

■学研の書籍・雑誌についての新刊情報・詳細情報は、
　下記をご覧ください。
　学研出版サイト https://hon.gakken.jp/

NDC031　192p　26.4cm

©Gakken-ep 2015　Printed in Japan
本書の無断転載、複製、複写（コピー）、翻訳を禁じます。
本書を代行業者等の第三者に依頼してスキャンやデジタル化することは、たとえ個人や家庭内の利用であっても、著作権法上、認められておりません。
複写（コピー）をご希望の場合は、下記までご連絡ください。
●日本複製権センター　https://jrrc.or.jp/　　E-mail jrrc_info@jrrc.or.jp
Ⓡ〈日本複製権センター委託出版物〉

⚠注意　本の紙で手を切ることがあります。取り扱いにご注意ください。表紙の角が一部とがっていますので、お取り扱いには十分ご注意ください。

ふしぎな かお、だれの

① おうだん歩道の すぐ 近くに います。

② 道の 上で よく 見かける、丸い 顔です。

⑤ かべの 高い ところを さがして みましょう。

⑥ 足もとの じめんを さがして みましょう。

こたえ

❶おうだん歩道の しんごうの おしボタン

❷マンホールの ふた

❸ゆうびんポストの かぎあな

❹かいだんを てらす ライト